AF296628

LES ADIEUX

DE MARIE - THÉRÈSE - CHARLOTTE

DE BOURBON.

DE BONITIO
DE IVLIA [illegible] CHRISTOFORI
[illegible]

Mme. Fse. Cte. de Bourbon.

LES ADIEUX

DE MARIE - THÉRÈSE - CHARLOTTE

DE BOURBON,

ALMANACH

POUR L'ANNÉE 1796,

Contenant une Vie de Marie-Thérèse-Charlotte ; un Recueil de Romances, de Chansons, d'Idylles, d'Allégories ; des Anectodes sur le Temple, avec la Description de cette prison ; l'Histoire des Négociations pour l'échange de l'illustre prisonnière, et le Récit de son départ.

PAR M. D'ALBINS.

A BASLE,

CHEZ TOURNESEN, LIBRAIRE. — 1796.

JANVIER.

D. Q. le 2, à 1 h. 11 m. du matin.
N. L. le 10, à 5 h. 14 m. du matin.
P. Q. le 17, à 5 h. 36 m. du soir.
P. L. le 24, à 10 h. 19 m. du matin.
D. Q. le 31, à 9 h. 11 minut. du soir.

Ere Vulgaire 1796.		Ere Rép.	
1 vendredi	Circoncision.	11	NIV.
2 samedi.	Basile, évêq.	12	duodi.
3 Dimanche.	ste. Geneviev	13	tridi.
4 lundi	Rigobert, év.	14	quarf.
5 mardi	Siméon, Styl.	15	quint.
6 mercredi	EPIPHANIE.	16	sextidi
7 jeudi	Théau, orf.	17	septidi
8 vendredi	Lucien, év.	18	octidi.
9 samedi	Pierre, év.	19	nonidi
10 1 Dimanc.	Paul, herm.	20	Décadi
11 lundi	Hygir, pape	21	primid
12 mardi	Arcade, M.	22	duodi.
13 mercredi	Bapt. de N. S.	23	tridi.
14 jeudi	Hilaire, doc.	24	quart.
15 vendredi	Maur, abbé	25	quint.
16 samedi	Guillaume	26	sextidi
17 2 Dimanc.	Antoine, ab.	27	septidi
18 lundi	Ch. de s. P.	28	octidi.
19 mardi	Sulpice, év.	29	nonidi
20 mercredi	Sébastien	30	Décadi
21 jeudi	ste. Agnès.	1	PLUV
22 vendredi	Vincent	2	duodi.
23 samedi	Ildelfonse	3	tridi.
24 3 Dimanc.	Septuagésime	4	quart.
25 lundi	Couv. de s. P.	5	quint.
26 mardi	ste Paule, v.	6	sextidi
27 mercredi	Julien, év.	7	septidi
28 jeudi	Cyrille	8	octidi.
29 vendredi	Franç. de S.	9	nonidi
30 samedi	ste Bathilde	10	Décadi
31 4 Dimanc.	Sexagésime	11	prim.

FÉVRIER.

N. L. le 8., à 11 h. 9 min. du soir.
Pr. Q. le 14., à 1 h. 43 min. du matin.
Pl. Lun. le 22., à 11 h. 9 min. du soir.

Ere Vulgaire 1796.		Ere Rép.	
1	lundi	Ignace, M.	12 PLUV
2	mardi	PURIFICAT.	13 tridi
3	mercredi	Blaise	14 quart.
4	jeudi	Philéas, ab.	15 quint.
5	vendredi	ste Agathe	16 sextidi
6	samedi	Wast	17 septidi
7	5 Diman.	Quinquag.	18 octidi
8	lundi	Jean de Mat.	19 nonidi
9	mardi	ste Apolline.	20 Décadi
10	mercredi	Cendres	21 prim.
11	jeudi	Severin.	22 duodi.
12	vendredi	Les 5 Plaies.	23 tridi
13	samedi	Lezin, évêq.	24 quart.
14	1 Diman.	Quadragésim.	25 quint.
15	lundi	Faustin	26 sextidi
16	mardi	ste Julienne	27 septidi
17	mercredi	Quatre-temps	28 octidi.
18	jeudi	Siméon, év.	29 nonidi
19	vendredi	Moïse, patr.	30 Décadi
20	samedi	Eucher	1 VEN.
21	2 Diman.	Reminiscere.	2 duodi
22	lundi	Ch. de s. P.	3 tridi.
23	mardi	P. Damien.	4 quart.
24	mercredi	Prétextat	5 quint.
25	jeudi	Matthias	6 sextidi
26	vendredi	Porphyre	7 septidi
27	samedi	ste Honorine.	8 octidi.
28	3 Diman.	Oculi	9 nonidi
29	lundi	Oswald	10 Décadi

Epacte.   20.
Lettres dominicales   C. B.

MARS.

D. Q. le 1 , à 6 h. 19. min. du soir.
N. L. le 9 , à 1 h. 9 min. du soir.
P. Q. le 16 , à 8 h. 58 min. du matin.
P. L. le 23 , à 1 h. 0 min. du soir.
D. Q. le 31 , à 2 h. 33 min. du soir.

Ere Vulgaire 1796.		Ere Rép.
1 mardi	Aubin , év.	11 VEN.
2 mercredi	Simplice	12 duodi.
3 jeudi	ste Cunégon.	13 tridi.
4 vendredi	Casimir	14 quart.
5 samedi	Drausin	15 quint.
6 4 Diman.	Lætare	16 sextidi
7 lundi	ste Perpétue	17 septidi
8 mardi	Jean de Dieu	18 octidi.
9 mercredi	ste Françoise	19 nonidi
10 jeudi	Doctrovée	20 Décadi
11 vendredi	40 Martyrs	21 prim.
12 samedi	Pol, évêque.	22 duodi.
13 5 Diman.	Passion	23 tridi.
14 lundi	Lubin ; év.	24 quart.
15 mardi	Zacharie	25 quint.
16 mercredi	Abraham	26 sextidi
17 jeudi	ste Gertrude	27 septidi
18 vendredi	la Compass.	28 octidi.
19 samedi	Joseph	29 nonidi
20 6 Diman.	Rameaux	30 Décadi
21 lundi	Benoît , abbé	1 GERM.
22 mardi	Epaphrodite	2 duodi.
23 mercredi	Victorien	3 tridi.
24 jeudi	Simon , enf.	4 quart.
25 vendredi	Vendr. saint	5 quint.
26 samedi	Ludger , év.	6 sextidi
27 Dimanc.	PASQUES	7 septidi
28 lundi	Gontrand	8 octidi.
29 mardi	Eustase	9 nonidi
30 mercredi	Rieul	10 Décadi
31 jeudi	Acace , év.	11 primi.

AVRIL.

N. L. le 8, à 0 h. 12 min. du matin.
P. Q. le 14, à 4 h. 9 min. du soir.
P. L. le 22, à 3 h. 39 min. du matin.
D. Q. le 30, à 8 h. 0 min. du matin.

Ere Vulgaire 1796.		Ere Rép.	
1 vendredi	Hugues	12	GERM.
2 samedi	Franç. de P.	13	tridi.
3 1 Diman.	Quasimodo	14	quartidi.
4 lundi	ANNONCIAT.	15	quintidi.
5 mardi	Vincent, Fer.	16	sextidi.
6 mercredi	Prudence	17	septidi.
7 jeudi	Hégésippe	18	octidi.
8 vendredi	Perpétue	19	nonidi.
9 samedi	ste Marie	20	Décadi.
10 2 Diman.	Macaire	21	primidi
11 lundi	Léon, pape	22	duodi.
12 mardi	Jules, pape	23	tridi.
13 mercredi	Hermeneg.	24	quartidi.
14 jeudi	Tiburce	25	quintidi.
15 vendredi	Paterne	26	sextidi.
16 samedi	Fructueux	27	septidi.
17 3 Diman.	Anicet, pape	28	octidi.
18 lundi	Parfait	29	nonidi.
19 mardi	Elphège	30	Décadi.
20 mercredi	Hildegonde	1	FLOR.
21 jeudi	Anselme	2	duodi.
22 vendredi	ste Opportun.	3	tridi.
23 samedi	Georges	4	quartidi.
24 4 Diman.	ste Beuve	5	quintidi.
25 lundi	Marc, abst.	6	sextidi.
26 mardi	Clet	7	septidi.
27 mercredi	Polycarpe	8	octidi.
28 jeudi	Vital	9	nonidi.
29 vendredi	Robert, abbé	10	Décadi.
30 samedi	Eutrope	11	primidi.

Nombre d'or 11.

MAI.

N. L. le 7 , à 8 h. 54 min. du matin.
P. Q. le 14 , à 0 h. 9 min. du matin.
P. L. le 21 à 6 h. 52 min. du soir.
D. Qu. le 29 à 9 h. 46 min. du soir.

Ere Vulgaire 1796.		Ere. Rép.	
1 5 *Diman.*	Jacque s. Phil.	12	FLOR.
2 lundi	*Rogations*	13	tridi.
3 mardi	Inv. ste. Croix	14	quartidi
4 mercredi	ste. Monique.	15	quintidi
5 jeudi	ASCENSION	16	sextidi.
6 vendredi	Jean P. Lat.	17	septidi.
7 samedi	Stanislas	18	octidi.
8 6 *Diman.*	Désiré	19	nonidi.
9 lundi	Grég. de N.	20	*Décadi.*
10 mardi	Gordien	21	primidi.
11 mercredi	Mamert	22	duodi.
12 jeudi	Nérée	23	tridi.
13 vendredi	Gervais	24	quartidi
14 samedi	*Vigile-jeûne*	25	quintidi
15 *Diman.*	PENTEC.	26	sextidi.
16 lundi	Honoré.	27	septidi.
17 mardi	Pascal	28	octidi.
18 mercredi	*Quatre-temps*	29	nonidi.
19 jeudi	Célestin, pap.	30	*Décadi.*
20 vendredi	Austrégésile	1	PRAIR.
21 samedi	Hospice	2	duodi.
22 1 *Diman.*	*Trinité*	3	tridi.
23 lundi	ste. Julie	4	quartidi
24 mardi	Didier	5	quintidi
25 mercredi	Donatien	6	sextidi.
26 jeudi	Fête-Dieu	7	septidi.
27 vendredi	Jean, pape	8	octidi.
28 samedi	Germain	9	nonidi.
29 2 *Diman.*	Maximin	10	*Décad.*
30 lundi	Hubert	11	primidi.
31 mardi	ste Pétronille	12	duodi.

JUIN.

N. L. le 5 à 4 h. 14 min. du soir.
P. Q. le 12 à 9 h. 41 min. du soir.
P. L. le 20 à 9 h. 28 min. du matin.
D. Q. le 28 à 7 h. 54 min. du matin.

Ere Vulgaire 1796.			*Ere Rép.*
1	mercredi	Pamphile	13 PRAIR.
2	jeudi	*Oct. Fête-D.*	14 quartidi
3	vendredi	ste Clotilde	15 quintidi
4	samedi	Optat, évéq.	16 sextidi
5	3 *Diman.*	Boniface	17 septidi
6	lundi	Norbert	18 octidi.
7	mardi	Paul de C. P.	19 nonidi.
8	mercredi	Médard	20 *Décadi.*
9	jeudi	Prime	21 primidi.
10	vendredi	Landry	22 duodi.
11	samedi	Barnabé	23 tridi.
12	4 *Diman.*	Basilide	24 quartidi
13	lundi	Ant. de Pad.	25 quintidi
14	mardi	Ruffin	26 sextidi.
15	mercredi	Guy	27 septidi.
16	jeudi	Fargeau	28 octidi.
17	vendredi	Avit, abbé	29 nonidi.
18	samedi	ste Marine	30 *Décadi.*
19	5 *Diman.*	Gervais s. P.	1 MESSI.
20	lundi	Silvère	2 duodi.
21	mardi	Leufroy	3 tridi.
22	mercredi	Paulin	4 quartidi
23	jeudi	*Vigile-jeûne.*	5 quintidi
24	vendredi	Nat. s. J. B.	6 sextidi.
25	samedi	Prosper	7 septidi.
26	6 *Diman.*	Baboiein	8 octidi.
27	lundi	Ladislas, R.	9 nonidi.
28	mardi	*Vigile-jeûne*	10 *Décadi.*
29	mercredi	Pierre s. P.	11 primidi.
30	jeudi	Comm. s. P.	12 duodi.

Cycle solaire 13.

JUILLET.

N. L. le 4 à 11 h. 11 min. du soir.
Pr. Q. le 11 à 9 h. 22 min. du soir.
Pl. L. le 20 à 1 h. 26 min. du matin.
D. Q. le 27 à 3 h. 27 min. du soir.

Ere Vulgaire 1796.		Ere Rép.	
1 vendredi	Martial	13	MESSI.
2 samedi	Visitat. N.D.	14	quartidi.
3 7 *Diman.*	Anatole	15	quintidi
4 lundi	Transl. st. M.	16	sextidi.
5 mardi	ste Zoé	17	septidi.
6 mercredi	Tranquillin	18	octidi.
7 jeudi	ste Aubierge	19	nonidi.
8 vendredi	Elisabeth	20	*Décadi.*
9 samedi	Cyrille, év.	21	primidi.
10 8 *Diman.*	ste Félicité	22	duodi.
11 lundi	Transl. s. B.	23	tridi.
12 mardi	Gualbert	24	quartidi.
13 mercredi	Turiaf	25	quintidi.
14 jeudi	Bonaventure	26	sextidi.
15 vendredi	Henri	27	septidi.
16 samedi	Eustate	28	octidi.
17 9 *Diman.*	Spérat	29	nonidi.
18 lundi	Thomas, d.	30	*Décadi.*
19 mardi	Vincent P.	1	THERM.
20 mercredi	ste Marguer.	2	duodi.
21 jeudi	Victor	3	tridi.
22 vendredi	ste Magdel.	4	quartidi.
23 samedi	Appollinaire	5	quintidi.
24 10 *Dim.*	ste Christine	6	sextidi.
25 lundi	Jacq. le maj.	7	septidi.
26 mardi	Christophe	8	octidi.
27 mercredi	Georges	9	nonidi.
28 jeudi	ste Anne	10	*Décadi.*
29 vendredi	Loup.	11	primidi.
30 samedi	Abdon	12	duodi.
31 11 *Dim.*	Germain, A.	13	tridi.

AOUST.

N. L. le 3 à 6 h. 43 min. du matin.
P. Q. le 10 à 0 h. 18 min. au soir.
Pl. L. le 18 à 3 h. 32 min. du soir.
D. Q. le 25 à 9 h. 39 min. du soir.

Ere Vulgaire 1796.		Ere Rép.	
1 lundi	Pierre-ès-liens	14	THER.
2 mardi	Etienne, Pap.	15	quintidi.
3 mercredi	Inv. s. Etien.	16	sextidi.
4 jeudi	Dominique	17	septidi.
5 venredi	Yon	18	octidi.
6 samedi	Transfigurat.	19	nonidi.
7 12 *Dim.*	Susc. ste. Cr.	20	*Décadi.*
8 lundi	Justin	21	primidi.
9 mardi	Ramain	22	duodi.
10 mercredi	Laurént	23	tridi.
11 jeudi	ste. Suzanne	24	quartidi.
12 vendredi	ste Clair	25	quintidi.
13 samedi	*Vigile-jeûne*	26	sextidi.
14 13 *Dim.*	Hyppolyte	27	septidi.
15 lundi	ASSOMPT.	28	octidi.
16 mardi	Roch	29	nonidi.
17 mercredi	Mammès	30	*Décadi.*
18 jeudi	ste. Hélène	1	FRUCT.
19 vendredi	Louis, évêq.	2	duodi.
20 samedi	Bernard	3	tridi.
21 14 *Dim.*	Privat	4	quartidi.
22 lundi	Symphorien	5	quintidi.
23 mardi	Sidoine	6	sextidi.
24 mercredi	Barthélemi	7	septidi.
25 jeudi	Louis	8	octidi.
26 vendredi	Zéphirin	9	nonidi.
27 samedi	Césaire	10	*Décadi.*
28 15 *Dim.*	Augustin	11	primidi.
29 lundi	Médéric	12	duodi.
30 mardi	Fiacre	13	tridi.
31 mercredi	Ovide	14	quartidi.

SEPTEMBRE.

N. L. le 1 à 3 h. 46 min. du soir.
Pr. Q. le 9 à 6 h. 1 min. du matin.
Pl. L. le 17 à 4 h. 23 min. du matin.
D. Q. le 24 à 3 h. 39 min. du matin.

Ere Vulgaire 1796.		Ere Rép.	
1	jeudi	Leu, s. Gilles	15 FRUCT
2	vendredi	Lazare	16 sextidi.
3	samedi	Grégoire	17 septidi.
4 16 Dim.		Marcel, évêq.	18 octidi.
5	lundi	Bertin	19 nonidi.
6	mardi	Onésiphore	20 Décadi.
7	mercredi	Cloud	21 primidi.
8	jeudi	Nat. N.D.	22 duodi.
9	vendredi	Omer	23 tridi.
10	samedi	Nicolas de T.	24 quartidi.
11 17 Dim.		Patient	25 quintidi.
12	lundi	Serdot	26 sextidi.
13	mardi	Maurille	27 septidi.
14	mercredi	Exalt. ste. Cr.	28 octidi.
15	jeudi	Nicomède	29 nonidi.
16	vendredi	Cyprien	30 Décadi.
17	samedi	Lambert	1 COMPL.
18 18 Dim.		Chrisostôme	2 duodi.
19	lundi	Janvier	3 tridi.
20	mardi	Eustache	4 quartidi.
21	mercredi	Quatre-temps	5 quintidi.
22	jeudi	Maurice	1 VEND.
23	vendredi	ste. Thecle	2 duodi.
24	samedi	Andoche	3 tridi.
25 19 Dim.		Firmin	4 quartidi
26	lundi	ste. Justine	5 quintidi
27	mardi	Come s. Dam.	6 sextidi.
28	mercredi	Céran	7 septidi.
29	jeudi	Michel	8 octidi.
30	vendredi	Jérôme	9 nonidi.

Indiction romaine 14.

OCTOBRE.

N. L. le 1 à 3 h. 8. min. du matin.
P. Q. le 9 à 1 h. 43 min. du matin.
P. L. le 16 à 4 h. 13 min. du soir.
D. Q. le 23 à 10 h. 31 min. du matin.
N. L. le 30 à 5 h. 27 min. du soir.

Ere Vulgaire 1796.		Ere Rép.	
1 samedi	Remi, évêq.	10	VEND.
2 20 *Dim.*	Anges gard.	11	primidi.
3 lundi	Denis l'Aréo.	12	duodi.
4 mardi	François.	13	tridi.
5 mercredi	ste Aure	14	quartidi.
6 jeudi	Bruno	15	quintidi.
7 vendredi	Serge	16	sextidi.
8 samedi	Demètre	17	septidi.
9 21 *Dim.*	DENIS	18	octidi.
10 lundi	Géréon	19	nonidi.
11 mardi	Nicaise	20	*Décadi*.
12 mercredi	Wilfrid, év.	21	primidi.
13 jeudi	Gerand	22	duodi.
14 vendredi	Calliste, pap.	23	tridi.
15 samedi	ste Thérèse.	24	quartidi.
16 22 *Dim.*	Gal, abbé.	25	quintidi.
17 lundi	Cerboney.	26	sextidi.
18 mardi	Luc, évêq.	27	septidi.
19 mercredi	Savinien	28	octidi.
20 jeudi	Sendou.	29	nonidi.
21 vendredi	ste. Ursule	30	*Décadi*.
22 samedi	Mellon	1	BRUMA.
23 23 *Dim.*	Hilation	2	duodi.
24 lundi	Magloire	3	tridi.
25 mardi	Crépin, Cr.	4	quartidi.
26 mercredi	Rustique	5	quintidi.
27 jeudi	Frumence	6	sextidi.
28 vendredi	Simon s. Jud.	7	septidi.
29 samedi	Faron	8	octidi.
30 24 *Dim.*	Lucain	9	nonidi.
31 lundi	*Vigile-jeûne.*	10	*Décadi.*

NOVEMBRE.

P. Q. le 7 à 9 h. 43 minut. du soir.
P. L. le 15 à 3 h. 27 minut. du matin.
D. Q. le 21 à 7 h. 11 minut. du soir.
N. L. le 29 à 10 h. 47 minut. du matin.

	Ere Vulgaire 1796.		*Ere Rép.*
1 mardi	TOUSSAIN.	11	BRUM.
2 mercredi	*Les Morts*	12	duodi.
3 jeudi	Marcel	13	tridi.
4 vendredi	Charles-Bor.	14	quartidi
5 samedi	ste Bertille	15	quitidi
6 23 *Dim.*	Léonard	16	sextidi
7 lundi	Willebrod	17	septidi
8 mardi	stes Reliques	18	octidi
9 mercredi	Mathurin	19	nonidi
10 jeudi	Léon le Gr.	20	*Décadi*
11 vendredi	Martin, év.	21	primidi.
12 samedi	Vrain, év.	22	duodi.
13 26 *Dim.*	Gendulfe	23	tridi
14 lundi	Martin, pap.	24	quartidi
15 mardi	Eugène	25	quintidi.
19 mercredi	Lucher	26	sextidi
17 jeudi	Agnan, év.	27	septidi
18 vendredi	ste Aude	28	octidi.
19 samedi	ste Elisabeth	29	nonidi.
20 27 *Dim.*	Edmond	30	*Décadi*
21 lundi	Prés. N. D.	1	FRIM.
22 mardi	ste Cécile	2	duodi.
23 mercredi	Clément	3	tridi.
24 jeudi	Séverin	4	quartidi.
25 vendredi	ste Catherin.	5	quintidi.
26 samedi	ste Génev.	6	sextidi.
27 1 *Dim.*	*Avent.*	7	septidi.
28 lundi	Sosthène	8	octidi.
29 mardi	Saturnin	9	nonidi.
30 mercredi	André, apôt.	10	*Décadi*

DÉCEMBRE.

P. Q. le 7 à 4 h. 7 minut. du soir.
P. L. le 14 à 2 h. 22 minut. du soir.
D. Q. le 21 à 6 h. 21 minut. du matin.
N. L. le 29 à 5 h. 8 minut. du matin.

Ere Vulgaire 1796.		Ere Rép.	
1	jeudi	Eloi	11 FRIMA.
2	vendredi	Franç. Xav.	12 duodi.
3	samedi	Mirocle	13 tridi.
4 2 *Dim.*		ste Barbe	14 quartidi.
5	lundi	Sabas, abbé	15 quintidi.
6	mardi	Nicolas	16 sextidi.
7	mercredi	ste Fare	17 septidi.
8	jeudi	CONCEPT.	18 octidi.
9	vendredi	ste Gorgone	19 nonidi.
10	samedi	ste Valère	20 *Décadi.*
11 3 *Dim.*		Fuscien	21 primidi.
12	lundi	Damase, pap	22 duodi.
13	mardi	ste Luce	23 tridi.
14	mercredi	*Quatre-temps*	24 quartidi.
15	jeudi	Mesmin	25 quintidi.
16	vendredi	ste Adélaïde	26 sextidi.
17	samedi	ste Olymp.	27 septidi.
18 4 *Dim.*		Gatien, év.	28 octidi.
19	lundi	ste Meuris	29 nenidi.
20	mardi	Philogone	30 *Décadi.*
21	mercredi	Thomas	1 NIVOSE.
22	jeudi	Ischirion	2 duodi.
23	vendredi	Yves, évêq.	3 tridi.
24	samedi	*Vigile-jeûné*	4 quartidi.
25 *Dim.*		NOEL	5 quintidi.
26	lundi	ETIENNE	6 sextidi.
27	mardi	JEAN EVAN.	7 septidi.
28	mercredi	Innocens	8 octidi.
29	jeudi	Thomas de C	9 nonidi.
30	vendredi	ste Colomb.	10 *Décadi.*
31	samedi	Sylvestre	11 primidi.

VIE

DE M^e.-T^se.-Cte. DE BOURBON,

FILLE DE LOUIS XVI.

Marie - Thérèse - Charlotte de Bourbon fut le premier gage d'une union à laquelle l'Europe avoit applaudi, et dont la France attendoit sa prospérité. Les muses qui fleurissoient alors s'empressèrent de chanter sa naissance, avant même qu'elle fut née. Tous les vœux de la politique, toutes les prières de la religion demandèrent au ciel l'heureux accouchement de Marie-Antoinette. Le régiment de la Reine, alors en garnison à Mirecourt, fit célébrer une solemnité

pour la délivrance de cette princesse :
M. François de Neufchâteau composa à
cette occasion une chanson qui fut chan-
tée et répétée dans toute la France. En
voici quelques couplets, qui serviront à
faire connoître combien les temps qui ne
sont plus, ressemblent peu au temps où
nous vivons :

Courage, messieurs de la Reine,
Vous vous signalez aujourd'hui ;
Pour notre auguste souveraine
Du ciel vous implorez l'appui.
Un colonel semblable
Vaut bien que l'on se mette en frais,
Puisqu'à nos yeux tout le rend adorable,
Son rang, son sexe et ses attraits.

Voyant ces braves militaires

Demander tous que l'Éternel,

Sensible à leur justes prières,

Fasse accoucher leur colonel ;

    La ville entière

S'y joint avec empressement :

Lorsqu'il s'agit d'une reine si chère,

Nous sommes tous du régiment.

Dortan , ce noble capitaine,

Fait voir , en nous donnant la loi,

Qu'il sait prier dieu pour la reine,

Comme il s'est battu pour le roi.

    D'un serviteur fidèle

Il a le bras , il a le cœur ;

Un régiment animé de son zèle,

En tous lieux doit être vainqueur.

Que les détails de cette fête
Sont charmans pour de bons Français !
Un aimable objet fait la quête ;
Ah ! je lui réponds du succès.
    Tous les cœurs sur ses traces
Grossiront sa quête à leur tour.
Il falloit bien qu'à la fête des Grâces,
    Le frère quêteur fût l'Amour.

L'accouchement, qui faisoit l'objet de
toutes les espérances, se fit le 19 décembre 1778. Peu s'en fallut que la naissance de Marie-Thérèse ne coûtât la vie
à sa mère. Marie-Antoinette se trouva
très-mal. On fit assembler un conseil de
médecins ; l'accoucheur Vermont opina
pour la saignée et pour les bains : les médecins s'y opposèrent d'une voix unanime ;

mais l'avis de l'accoucheur ayant été approuvé par la reine, il prévalut, et l'accouchement se fit heureusement. Les peuples attendoient un dauphin ; mais la nation la plus galante de l'Europe n'apprit pas avec moins d'empressement la naissance d'une princesse qui devoit augmenter une famille qu'on chérissoit. La politesse et l'urbanité française se peignent très-bien dans un quatrain qui fut fait en cette occasion :

Pour toi, France, un dauphin doit naître ;
Une princesse vient pour en être témoin.
Lorsque l'on voit une Grâce paroître,
Croyez que l'Amour n'est pas loin.

Marie-Thérèse-Charlotte fut baptisée le 20 décembre dans la chapelle du roi à

Versailles, Louis XVI y assista, et la cérémonie se fit avec beaucoup de simplicité. La jeune princesse fut tenue sur les fonds baptismaux par *Monsieur*, son oncle ; elle eut pour maraine, l'impératrice, sa grand'mère : la cérémonie fut faite par le cardinal de Rohan,

On lui donna pour nourrice madame Julie Rousseau Laurent. Madame la princesse de Guémenée fut nommée sa gouvernante. On lui nomma pour ses sous-gouvernantes, madame de Makau, madame Daumalet et deux dames de Soucy. Louis XVI alloit la voir tous les jours ; il aimoit à jouer avec elle. Un jour qu'il se rendoit, comme à son ordinaire, dans l'appartement de la nourrice, la senti-

nelle lui refusa l'entrée : « Vous ne voulez
» donc pas permettre à un père de voir sa
» fille, » lui dit Louis XVI, et il entra
en se faisant reconnoître. Depuis ce temps,
il fit faire une porte de communication
qui lui permit de voir plus souvent et plus
librement cette enfant, qui, à mesure
qu'elle croissoit en âge, devenoit de plus
en plus l'objet de ses affections. Marie-
Antoinette ne l'aimoit pas moins tendrement ; mais son affection portoit le caractère de sévérité d'une mère, dont le
premier soin, quel que soit son rang, doit
être de veiller à l'éducation de sa fille.
Elle voulut d'abord former son jeune
cœur à la reconnoissance : elle sembloit
prévoir qu'un jour cette princesse, que la

fortune permettoit de rendre la dispensa-
trice de tous ses bienfaits, seroit réduite
à éprouver la bienfaisance de ceux qui na-
quirent dans un rang moins élevé. Elle s'ap-
pliquoit sur-tout à lui faire sentir les soins
de sa nourrice. « Ce n'est pas moi qui suis
» votre mère, lui disoit-elle quelquefois ;
» c'est votre nourrice, à qui vous devez
» la vie. » Un jour *Madame* (c'est le
nom qui lui fut donné dès le berceau)
avoit laissé tomber un éventail, elle fit
signe à sa nourrice de le lui donner,
la nourrice obéit ; mais la reine jetta
l'éventail par terre, en ordonnant à
sa fille de le ramasser elle - même. Ces
premières leçons ne furent pas perdues
pour la jeune princesse : aussi, tous ceux

qui étoient chargés de veiller sur son enfance ne parloient que de sa douceur et
de la bonté de son caractère.

Elle étoit douée d'une très-forte santé :
on craignoit pour elle la petite-vérole ;
et comme l'inoculation étoit fort en
usage, *Madame* fut inoculée au château
de la Muette. Elle avoit alors cinq ans.
L'opération eut tout le succès qu'on en
attendoit ; et la petite-vérole survint, sans
altérer aucun de ses traits qui rappelloient
déjà à la France tous ceux de sa mère.

On eut toujours très-grand soin qu'elle
ne fût point gênée dans ses vêtemens.
Presque au sortir du berceau, ses petits
bras se trouvoient embarrassés dans de
longues dentelles ; sa mère voulut qu'elle

fut délivrée de cette parure d'étiquette ,
et qu'elle marchât libre. Depuis ce temps ,
elle fut toujours mise avec beaucoup de
simplicité ; c'étoit la volonté de sa mère ,
c'étoit aussi le goût de la jeune princesse ,
qui , d'ailleurs, n'avoit pas besoin d'autres
ornemens que ceux que lui avoit donné
la nature.

Dès que son ame s'ouvrit au sentiment ,
on vit se développer en elle beaucoup de
sensibilité. Ce n'étoit point cette irritabi-
lité dans les organes qui fait si rapidement
succéder la tristesse à la joie, et la joie à la
tristesse, sur le visage d'un enfant; c'étoit
ce sentiment délicat et profond qui prend
son origine dans le foyer de l'ame , et qui
imprime dans tous les traits extérieurs

cette teinte de mélancolie qui charme et qui attendrit les regards ; sans être triste, elle n'avoit point la pétulence de la gaîté, elle jouoit peu, elle avoit toujours l'air sérieux et réfléchi. Cette sensibilité, qui la destinoit à des épreuves si terribles dans l'avenir, lui ménageoit aussi les douces consolations de l'amitié. Mademoiselle Pauline de Tourzel fut toujours la compague et la plus tendre amie de son enfance. Elle partageoit autrefois ses plaisirs et son rang ; admise avec sa mère dans la tour du Temple, elle partage aujourd'hui son infortune et ses regrets.

Marie - Thérèse a toujours conservé beaucoup d'attachement pour toutes les personnes qui ont eu des soins pour elle.

Mme. de Lambriquet, une de ses femmes-de - chambre, étant morte, a laissé une fille en bas âge. La reine touchée du sort d'*Ernest* (c'étoit le nom de la jeune orpheline), la remit entre les bras de *Madame*, en lui disant : « Ma fille, vois cet enfant; » tu dois lui servir de mère. » Ces touchantes paroles sont restées gravées dans son cœur : elle a toujours aimé la pauvre *Ernest* ; et, dans le mois de septembre dernier, lorsque l'auguste prisonnière apprit qu'elle alloit être rendue à ses parens, elle demanda encore *Ernest*. Elle se réjouissoit de voir approcher l'instant de sa liberté, parce que c'étoit celui où elle pourroit encore répandre quelques bienfaits.

Elle payoit de la plus tendre affection les soins de madame de Guémenée , chargée de présider à son éducation. Lorsque cette princesse s'éloigna de la cour , Marie - Thérèse-Charlotte versa des larmes en la quittant. Elle fut remplacée par madame de Makau , qui avoit toutes ses vertus , et qui ne fut pas moins chérie de *Madame*. Peu de temps après que cette dame eut été chargée de l'éducation de la jeune princesse , elle lui marcha sur le pied par mégarde : *Madame* ne parut pas dans le moment avoir souffert ; le soir, son bas se trouva teint de sang : sur les questions qu'on lui fit, elle en dit la cause; et madame de Makau lui ayant demandé pourquoi elle n'en avoit pas parlé sur-le-

champ : « puisque , répondit-elle , dans
» cet instant où je ne souffre plus, vous
» êtes si peinée de m'avoir fait mal, vous
» auriez été bien plus fâchée , si vous
» l'eussiez su quand je sentois quelque
» douleur. » Elle avoit alors neuf ans.

Marie-Thérèse-Charlotte porta dans
toutes les parties de son éducation cet
esprit d'application et d'exactitude qui
fut toujours le garant des plus heureux
succès ; de bonne heure, elle montra du
goût pour la lecture : ce genre d'étude
convenoit à son esprit tranquille et médi-
tatif ; sa mémoire étoit heureuse , son
écriture étoit très-correcte , et son style
plein de facilité : elle se plut aussi à cul-
tiver les arts ; elle jouoit très-bien du

piano, et elle faisoit des progrès rapides dans le dessin, dont l'étude a souvent charmé l'affreuse solitude de sa prison.

Lorsqu'on est doué d'une ame sensible, on est facilement entraîné vers la religion qui offre tant d'objets à notre amour et à notre reconnoissance : Marie-Thérèse, suivant toujours les traces de sa tante, madame Elisabeth, se livroit, à son exemple, aux exercices de la piété la plus attendrissante: son aumônier étoit le curé de St-Germain-l'Auxerrois. Son confesseur étoit le curé de St-Eustache, qui étoit aussi le confesseur de la reine. Ce fut dans l'église de St-Germain-l'Auxerrois qu'elle fit sa première communion ; elle étoit alors dans sa onzième année.

Marie-Antoinette assista à la cérémonie, qui fut des plus simples et des plus touchantes ; elle pleura . beaucoup : malheureuse princesse ! c'est vainement que tes pleurs ont arrosé la terre , ils n'ont pu effacer les taches de sang dont elle étoit souillée : c'étoit la première année de la révolution.

Nous voici arrivés à la terrible époque du 6 octobre : Marie-Thérèse échappe à tous les regards dans ce vaste embrâsement qui a dévoré le trône et le palais des rois ; elle disparoît comme une fleur qui croissoit sur les rivages de la mer , et qui penche sa tête dans les flots, lorsque la mer est battue par la tempête. L'Europe connoît les malheurs de ses parens : ils

furent les siens. Oh ! combien de fois ,
dans ces temps de calamité , elle a rendu
à son père les caresses qu'elle avoit reçues
au berceau ! Combien de fois elle a levé
ses mains innocentes et pures vers le dieu
de saint Louis ! Dans la journée du 10
août , lorsqu'elle entendit le cliquetis
des armes qui étoient tournées contre le
château des Thuileries , lorsqu'elle vit
les dangers qui menaçoient sa famille et
sa patrie , elle succomba sous l'excès de
sa sensibilité, son ame l'abandonna, et ses
yeux se couvrirent des voiles de la mort :
hélas ! ils ne s'ouvrirent que pour voir le
spectacle affreux de la désolation et du
carnage : elle suivit son père à l'assemblée
législative ; sensible et généreuse Antigo-
ne , elle n'abandonna point le malheureux
. . .

OEdipe ; elle fut enfermée avec lui au Temple , le 14 août , la veille de sa fête.

Je m'arrête devant cette porte de fer ; les éclats de la foudre qui a frappé la famille de l'infortunée Marie - Thérèse retentissent encore autour de cette sombre demeure. Jettons un voile religieux sur des chagrins que l'esprit humain ne peut dépeindre ; l'histoire de cette auguste prisonnière est toute entière dans son cœur: c'est un livre sacré qui n'a été lu encore que dans le ciel. En voyant la fille des rois survivre dans les cachots à tout ce qu'elle eut de plus cher , que les philosophes méditent froidement sur la fragilité des grandeurs humaines ; pour moi, je brise ma plume , et je vais pleurer sur tant de revers !.......

RECUEIL

DE POÉSIES FUGITIVES.

ÉTRENNES

A MARIE - THÉRÈSE - CHARLOTTE,

Pour l'année 1796.

Air : *Pauvre Jacques.*

Pauvre fille, hélas ! depuis trois ans,
Tu vis en proie à la misère ;
Sans cœur, sans bien, sans amis, sans parens,
Tu manques de tout sur la terre ! . . . *bis.*

Depuis trois ans, tu ne vois point le jour ;
Tes foibles mains portent des chaînes ;
Depuis trois ans, tu gémis dans la tour,
Mal mortel n'adoucit tes peines.
Pauvre fille, etc.

Tu descendis du faîte des grandeurs,
   Dans cette prison solitaire.
Cruels Français ! vous abreuvez de pleurs
   Une fille qui vous fut chère.
Pauvre fille, dans le faste des cours,
   Ton œil s'ouvrit à la lumière ;
Et maintenant, sans appui, sans secours,
   Tu manques de tout sur la terre !.. *bis.*

Elle est captive, et nous avons souffert
   Qu'on opprimât son innocence.
Dans son courroux, de ce siècle de fer
   Le ciel punit l'indifférence.
Pauvre fille, tu vois couler nos pleurs,
   Nous éprouvons tous ta misère ;
Et, pour avoir souffert tes oppresseurs,
   Nous manquons de tout sur la terre !.. *bis.*

Un nouvel an pour toi va commencer,
   Un plus beau jour pour toi va naître ;
Et le soleil qu'on a vu s'éclipser
   Avec éclat va reparoître.
Pauvre fille , les peuples désolés
   Vont voir la fin de ta misère ;
Et c'est alors qu'ils seront consolés
   De manquer de tout sur la terre !. . . *bis.*

LE JEUNE LIS,

ALLÉGORIE.

Un jeune lis, jetté dans une vaste plaine,
Croissoit auprès d'un myrte, à l'ombre d'un vieux chêne;
Son calice brilloit des perles du matin,
Et l'aimable printemps reposoit sur son sein.

Des zéphyrs la troupe légère
Folâtroit doucement près de ce lis chéri;
Le superbe pavot courboit sa tête altière,
Et tous les végétaux fléchissoient devant lui.

Paris voyoit croître une fleur si belle,
L'Europe sur Paris jettoit des yeux jaloux.

Toujours fraîche et toujours nouvelle,
De l'orage et du temps elle bravoit les coups.
Tout-à-coup l'air mugit et la tempête gronde;
La mer s'ébranle et le ciel s'obscurcit,
Et l'Enfer débordé vient menacer le monde
De l'entraîner dans l'éternelle nuit:
O dieux! qui présidez aux destins de la terre,

(23)

Que faisiez-vous alors , quand les cieux ébranlés

Retentissoient par-tout des éclats du tonnerre ,

Et vomissoient la mort sur nos champs désolés!

Le chêne plie et cède aux efforts de l'orage ;

Le pasteur , tant de fois assis sous son ombrage ,

De sa chûte en pleurant détourne les regards.

Le myrte tombe , et ses rameaux épars

Ont couvert de leur deuil ce malheureux rivage.

Le laurier voit flétrir l'éclat de son feuillage ;

L'arbre cher à Vénus , l'arbre chéri de Mars ,

Rien ne peut résister aux coups de la tempête :

Le lis , sur sa tige penché ,

N'a pu lui dérober sa tête.

O Flore ! de son sort ton cœur n'est point touché ;

Sans ton secours , hélas ! le lis expire :

Il fut pourtant l'honneur de ton empire.

Jadis il recevoit l'hommage caressant

Des papillons de la prairie ;

Aujourd'hui le frêlon et l'insecte rampant

Distilent leur venin sur sa tige flétrie.

O dieux ! prenez pitié d'un sort si rigoureux.

Mais que dis-je ? le ciel exauce enfin mes vœux ;

De ses voiles obscurs l'olympe se dégage ;
Et le jour plus brillant perce enfin le nuage.
Un astre bienfaisant se lève au fond du nord ;
A nos vœux empressés il se montre sensible,
Et sur notre horison verse un jour plus paisible.
A sa clarté le lis se relève d'abord ,
Il reprend son éclat , et la terre embellie
Sourit d'orgueil à ses traits enchanteurs ;
    Long-temps encore , ô lis, ô fleur chérie ,
Sois l'amour du printemps et la reine des fleurs !

LES ADIEUX

À MARIE-THÉRÈSE-CHARLOTTE,

Par un Troubadour condamné à mort.

AIR : *O ma chère Pastourelle!*

Pour une auguste captive
Faites éclater votre amour ;
Prêtez une oreille attentive
Aux derniers chants d'un Troubadour.

Elle naquit aux pieds du trône ,
Elle languit dans les douleurs ;
Mais pour elle, dans tous les cœurs ,
Il est encore une couronne.

Elle ne'st plus la cour brillante ,
Dont s'environnoit son berceau ;
Hélas ! dans la nuit du tombeau
On l'a fait descendre vivante.

2

O princesse infortunée !

Du fond de ton obscure tour,

Vois couler sur ta destinée

Les derniers pleurs d'un Troubadour.

Son malheureux et tendre père

A succombé sur l'echafaud ;

Et les voûtes de son cachot

Redemandent en vain sa mère !

O mort affreuse et cruelle !

Pour elle il n'est plus de beau jour.

Echos , répétez auprès d'elle

Les derniers chants d'un Troubadour !

Sa beauté , ses grâces , son âge

Ont fait briller un vain éclat ;

La fleur , malgré son incarnat ,

Meurt en butte aux traits de l'orage.

Astre éclipsé dès l'aurore ,

Il conserve tout notre amour ;

Et son nom embellit encore

Les derniers vers d'un Troubadour.

Je meurs victime de mon zèle ;

Pour moi l'échafaud est dressé :

Puissé-je un jour être exaucé

Dans les vœux que je fais pour elle !

Que le ciel moins inflexible ,

Brise les portes de la tour ;

O dieu ! ne sois pas insensible

Aux derniers vœux d'un Troubadour !

Le sort , d'une main plus amie ,

Loin d'elle écarte les dangers ,

Et dans des climats étrangers

Elle retrouve une patrie.

Princesse aimable et chérie,

Vous emporterez notre amour,

Et vous serez par-tout suivie

Des derniers vœux d'un Troubadour.

Eloignez-vous, sombres images,

Affreux souvenirs de ses maux,

N'allez pas troubler son repos

Sur de plus fortunés rivages.

Que le Rhin ne lui rappelle

Que les hymnes de notre amour,

Que les vœux d'un Français fidèle,

Et les adieux d'un Troubadour.

VERS

Adressés aux personnes qui sont auprès de Marie-Thérèse-Charlotte, dans la prison du Temple.

Vous qui passez votre vie
Dans ce séjour de douleurs,
Pour adoucir les malheurs
D'une princesse chérie,
Votre sort nous fait envie ;
Quand vous essuyez ses pleurs,
Ah ! d'une amitié si belle,
Ce gage nous est bien doux ;
Vous avez nos cœurs pour elle,
Nous avons le sien pour vous ;

CHOEUR BÉARNAIS.

Un Troubadour béarnais,

Les yeux inondés de larmes,

A ses montagnes chantait

Ce refrein, source d'allarmes :

La fille du roi Louis,

Est en prison dans Paris.

Hélas ! de tout l'univers

Elle est donc abandonnée ?

O siècle affreux et pervers !

Pleurons sur la destinée

De la fille de Louis,

Prisonnière dans Paris.

Elle reste sans amis,

Elle reste sans famille,

Quel crime a-t-elle commis,

Cette malheureuse fille,

Pour être comme Louis,

Prisonnière dans Paris ?

Qui peut peindre ses malheurs ?
Les beaux jours de son enfance
S'écoulent au sein des pleurs ;
Le berceau qu'on donne en France
Aux enfans du roi Louis,
Sont les prisons de Paris.

O vous, nos législateurs !
Voulez-vous qu'on vous chérisse,
Voulez-vous gagner nos cœurs ?
Rendez donc enfin justice
A la fille de Louis,
Prisonnière dans Paris.

Cœurs tendres et généreux !
Venez adoucir ses peines,
Venez combler tous nos vœux,
Et briser enfin les chaînes
De la fille de Louis,
Prisonnière dans Paris.

LES SOUPIRS

D'UNE JEUNE PRISONNIÈRE.

AIR. *vous qui savez ce qu'on endure.*

IL est minuit : tout m'abandonne,
Je n'ai d'ami que ma douleur ;
Et dans l'effroi qui m'environne,
Je suis seule avec mon malheur.

Le ciel, insensible à ma peine,
Ferme l'oreille à mes accens ;
Chaque jour resserre ma chaîne,
Et j'appelle en vain mes parens.

Oh ! que la nuit, dans sa carrière,
Est lente à ramener le jour !
Et que m'importe la lumière,
Elle a fui pour moi sans retour !

Des tyrans lâches et perfides,
Par un attentat tout nouveau,

De leurs mains trois fois parricides ,
Me plongent vivante au tombeau.

Dans cette prison solitaire ,
Le synistre oiseau de la nuit ,
Lui seul prend part à ma misère ,
Et sur mon destin il gémit ;

Il s'agite au sein des ténèbres :
Je fuis, il vole sur mes pas ;
Oiseau , sur tes ailes funèbres ,
Tu viens m'apporter le trépas.

J'entends , autour de ma demeure,
Retentir le lugubre airain ;
Il a sonné ma dernière heure :
Hélas ! j'ai rempli mon destin.

Dans les cieux, quelle clarté brille !
Mes vœux sont enfin entendus ;
Je meurs, je revois ma famille ,
Et les amis que j'ai perdus.

Hélas ! sous cette voûte obscure,
J'ai vu s'éclipser les grandeurs !
Aux cruels tourmens que j'endure,
J'ai vu se fermer tous les cœurs !

En me retirant de la vie,
Le ciel termine enfin mes maux.
Je fais des vœux pour ma patrie,
Et je pardonne à mes bourreaux.

Réponse d'un Troubadour.

Jeune et sensible prisonnière,
Je partage tous vos malheurs ;
Mais il luit un jour plus prospère,
Le ciel prend pitié de mes pleurs.

Bientôt j'entendrai sonner l'heure,
Où vous sortirez de la tour ;
Rendue au monde qui vous pleure,
Vous en serez encor l'amour.

CHANTS DE SELMA,

SUR LA MORT DE SON PÈRE FINGAL.

Imité d'un Poëte écossais.

Astre du soir, brillante étoile,
Qui t'avance vers nous des portes du couchant ;
Et qui, des nuits perçant le sombre voile,
Fais briller sous tes pas l'azur du firmament :
Que regardes-tu dans la plaine ?
On n'entend plus la voix des autans orageux ;
Et le bruit du torrent se fait entendre à peine ;
Au pied de ce rocher, les flots silencieux
Suspendent devant toi leur cours impétueux.
La nuit qui dans les cieux s'avance en souveraine,
Du brillant dieu du jour envahit le domaine ;
Par leurs bourdonnemens, mille insectes divers
Remplissent à l'envi le silence des airs.
Que regardes-tu dans la plaine,
Astre brillant du soir ? de l'olympe éclatant,
Ton disque vers Morgal s'abaisse en souriant.
Les flots, autour de toi, forment une ceinture,

Et baignent de leurs eaux ta blonde chevelure.

O flambeau de Morgal! je vois à ta clarté,

Les mânes chéris de mon père;

Il s'avance avec majesté,

Sur le nuage épars qui couvre la bruyère:

Que sont-ils devenus, ô père infortuné!

Ces jours brillans, ces jours de fête,

Où dans l'éclat des cours, du peuple environné,

De myrte et de laurier, tu couronnois ta tête.

Tu ressemblois alors à l'astre radieux,

Que le dieu de Morven fait briller dans les cieux.

O trop affreuse destinée!

Vois, ô Fingal, le sort de tes enfans.

Sur ce rocher, où s'assemblent les vents,

La fille des héros gémit, abandonnée......

Le destin me condamne à rester seule ici,

Et je n'ai point d'asyle où me mettre à l'abri.

D'une sombre terreur mon ame est agitée;

O mes amis! répondez à ma voix . . .

Mais, ô ciel! vous fuyez cette rive attristée;

Parlez, ô vous que je revois!

Répondez, ô Fingal, répondez à ma voix.

M'annoncez-vous ma dernière heure ;

Suivrai-je mon frère au trépas ?

Mais ils sont morts, ils ne répondent pas ;

Et le triste silence habite leur demeure.

Répondez-moi du haut de vos rochers déserts ;

Répondez-moi du sein de vos grottes sauvages ?

Mais l'aquilon vient ébranler les airs ;

Je n'entends pas leur voix au milieu des orages......

Tout se tait : je m'assieds, seule avec mon chagrin,

Et j'attends dans les pleurs le retour du matin.

Ma douleur veille à ta lueur sacrée,

O lune ! éclaire-moi de ton pâle flambeau.

Amis des morts, élevez leur tombeau ;

Mais ne le fermez pas que je n'y sois entrée.

Tel qu'un songe, mes jours se sont évanouis ;

Comment peut-on survivre à ceux qu'on a chéris ?

Au pied de ce rocher, que baigne une onde pure,

Je veux reposer avec eux ;

Et quand la nuit tombant de la voûte des cieux,

De ses crêpes obscurs couvrira la nature,

Sur les ailes des vents je viendrai vers Morgal,

Célébrer, dans mes chants, le trépas de Fingal,

Le chasseur m'entendra de son toit solitaire,

Son cœur sera charmé de mes accens ;

Car ils seront doux et touchans,

Quand Selma chantera la gloire de son père.

LA CAPTIVITÉ

DE MARIE-THÉRÈSE-CHARLOTTE.

Romance sur l'air : *Vous qui savez ce qu'on
endure*, etc.

BERGERS , à ma voix attendrie ,
Suspendez vos concerts d'amour ;
De nos rois la fille chérie
Languit dans une affreuse tour.

Pour un Français tendre et fidèle ,
Est-il encor quelque gaîté ,
Quand un sombre cachot recèle
Et l'innocence et la beauté ?

Elle naquit dans l'opulence ,
Elle eut un trône pour berceau ;
Tous les peuples , à sa naissance ,
Sourirent à l'enfant nouveau.

Comme une jeune et tendre rose
S'ouvre aux caresses des zéphyrs ,
Charlotte sembloit n'être éclose
Que pour les jeux et les plaisirs.

Hélas ! ici tout est mensonge ;
Le bonheur n'est qu'un doux sommeil :
Les grandeurs ont fui comme un songe
Suivi du plus affreux réveil.

O revers ! ô douleur profonde !
D'obscurs tyrans chargent de fers
Celle qui commandoit au monde ;
Un cachot est son univers.

En vain elle appelle une mère ,
Un père son plus cher appui.
Il lui restoit un jeune frère :
Le tombeau s'est fermé sur lui.

Dans cette tour abandonnée

Chaque instant retrace un malheur;

Et de ses maux , l'infortunée ,

N'a d'autre témoin que son cœur.

ROMANCE

SUR LE CHIEN ET LA CHÈVRE

Qu'élève Marie-Thérèse, dans le Temple.

AIR : *Pourriez - vous bien douter encore.*

La fille des rois est bergère ,
Une chèvre forme sa cour ;
Elle a conservé l'art de plaire ;
Elle est encor reine d'amour :
Flore lui cède sa couronne ;
Son sceptre est un bouquet de fleurs ,
Le frais gazon forme son trône ,
Et son empire est dans nos cœurs.

Pour briller long-temps auprès d'elle ,
Que le printemps quitte les cieux ;
Que la terre se renouvelle ,
Que tout s'embellisse à ses yeux ;

Zéphyrs, qui sur les fleurs écloses
Errez dans ce charmant séjour ,
Portez-lui les parfums des roses
Et les gages de notre amour.

Vous qui , toujours éloignés d'elle ,
Sur son sort n'avez point gémi ,
Ingrats , voyez son chien fidèle ,
Et rougissez de votre oubli ;
Il a partagé sa misère ,
Dans ses fers il l'a su charmer ;
Oui , c'est ainsi qu'on peut lui plaire ,
Et voilà comme on doit l'aimer.

LES MALHEURS D'ESTELLE,

IDYLLE.

ESTELLE étoit la reine des bergères,

Tout sembloit s'embellir de ses grâces légères;

La terre sourioit à son œil enchanté,

Et tout rendoit hommage à sa jeune beauté:

Estelle étoit la reine des bergères;

Tout le hameau vantoit la bonté de son cœur;

Et de la fortune cruelle

Lorsque quelque bergère éprouvoit la rigueur,

Elle venoit l'oublier près d'Estelle.

Un jour (c'étoit, je crois, dans la saison des fleurs);

Son père aux dieux adressoit sa prière:

O dieux! s'écrioit-il, éloignez de la terre,

Eloignez pour jamais les fléaux destructeurs!

Veillez sur mes enfans, veillez sur ma chaumière;

Pardonnez à nos oppresseurs......

Estelle aussi des dieux imploroit la clémence,

Et de son père elle essuyoit les pleurs.

Mais rien ne peut des dieux suspendre la vengeance:

Les crimes de la terre ont lassé leur bonté.

Dieux, sauvez du moins l'innocence !....

Le ciel se voile, et l'enfer irrité

Fait signe au démon des orages.

Les éclairs foudroyans embrâsent les nuages,

Déjà la grêle a ravagé les champs :

Par-tout l'orage gronde, et le hameau d'Estelle

Est emporté par les torrens.

Par la tempête, entraîné sur la rive,

Son père échappe à ses embrassemens.

Le hameau n'a plus d'habitans.

Estelle les appelle éplorée et plaintive,

Et l'écho seul répond à ses accens.

O jour affreux ! ô moment plein d'alarmes !

Elle n'a point assez de larmes

Pour déplorer ce triste évènement.

Le berger Némorin, au printemps de son âge,

Le jeune Némorin qu'elle aimoit tendrement,

Près d'elle a péri dans l'orage :

Ses chèvres, ses moutons, ses parens, ses amis,

Ils ont tous disparu, dans les flots engloutis.

Sur cette rive solitaire

Le sort la condamne à gémir.

Que va-t-elle, hélas ! devenir ?

L'orage a renversé sa paisible chaumière.

Non loin des débris du hameau

Estelle cherche un séjour plus tranquille ;

Une chèvre survit à son nombreux troupeau,

Cette chèvre la suit dans son nouvel asyle,

Et près d'elle bondit sur l'herbe du côteau.

Sensible aux soins qu'elle lui donne,

Son chien fidèle accompagne ses pas :

Toute la terre l'abandonne,

Sa chèvre et son chien seuls ne l'abandonnent pas :

Si sa douleur la suit dans ce séjour sauvage,

Ah ! si ses pleurs encore arrosent ce rivage,

Folâtrez auprès d'elle, innocens animaux ;

Charmez sa solitude, adoucissez ses maux :

Estelle vous chérit ; de sa main caressante

Elle vous nourrit chaque jour.

Oh ! que sa tendresse est touchante !

Payez-là pour jamais du plus tendre retour ;

Caressez, chérissez, aimez toujours Estelle,

Et dans nos doux penchans pour elle,

Du monde qui la pleure exprimez-lui l'amour.

LA ROSE,

ROMANCE ALLÉGORIQUE.

AIR : *Deux enfans s'aimoient d'amour tendre.*

Une rose s'ouvroit à peine ,
Et brilloit entre mille fleurs ;
Elle mérita d'être reine
Par son parfum , par ses couleurs.
Un lis , s'élevant auprès d'elle ,
La soutenoit de son rameau :
La rose en paroissoit plus belle ,
Et lui-même il sembloit plus beau.

Bientôt la nature s'afflige :
On entend l'aquilon jaloux ;
Du lis il fait trembler la tige ,
Et la brise dans son courroux.
Hélas ! que deviendra la rose ?
Elle a perdu son seul appui !

Charmante fleur ! à peine éclose ,
Ton soutien t'entraîne avec lui.

Un cyprès s'élève à la place ;
Zéphyr s'enfuit épouvanté ,
Et l'usurpateur , plein d'audace ,
Domine avec impunité.
Flore gémit... elle s'oppose
Aux efforts de l'arbuste ingrat.
L'an prochain , nous verrons la rose
Reparoître avec plus d'éclat.

ÉPITRE

AU PRINCE DE GAVRES

Nommé par l'Empereur pour recevoir à Basle

Marie-Thérèse-Charlotte de Bourbon.

QUAND d'une princesse chérie

Vous venez adoucir les maux,

De l'antique chevalerie

Vous nous rappellez les héros :

De ces beaux jours de notre histoire,

Vous ressuscitez les exploits.

Souffrez, pour chanter votre gloire,

Qu'un troubadour fasse entendre sa voix.

Vous voyez la France attendrie,

Donner des pleurs aux maux que Charlotte a soufferts;

Aux montagnes de l'Helvétie

Répétez nos tendres concerts.

Son front devoit porter une couronne:

Ses mains, hélas ! ne portent que des fers.

Belle autrefois de la pompe du trône,

Elle est belle aujourd'hui de l'attrait du malheur,)

Quel touchant éclat l'environne!

Rien ne résiste à son charme vainqueur :

Ainsi, lorsqu'une étoile errante

Sur l'horison, tombe du haut des cieux,

Sa clarté devient plus brillante,

Et de sa chûte elle éblouir les yeux.

Que de ses maux l'affreuse image,

S'efface de son cœur en sortant de Paris !

Que la douleur et les sombres ennuis,

En la suivant sur un autre rivage,

N'aillent pas de leur deuil attrister son voyage!

Sur sa prison, sur ses revers,

Echos, gémissez en silence;

Que la terre se taise, et n'ait plus de concerts

Que pour chanter sa délivrance !

O vous qui la suivez, calmez son noir chagrin;

Et faites briller autour d'elle

L'aurore d'un jour plus serein;

Montrez-lui le sort qui l'appelle

Sous le ciel plus heureux du bon peuple germain.

Et que votre amitié généreuse et fidelle

Répare les erreurs et les torts du destin!
Tel d'un sol printanier, et d'un brillant jardin,
Un myrte transplanté sur les bords d'un abyme,
En butte aux aguilons, croît au sein des hivers,
Et répand ses parfums sur les rochers déserts:
　　Ainsi cette illustre victime,
　Depuis trois ans, gémissant dans les fers,
A caché ses vertus dans une tour obscure,
Loin de l'éclat des cours, loin de tout l'univers.
Vainement, ô printemps! tu pares la nature,
　　De tes plus brillantes couleurs;
Ses yeux, depuis trois ans, n'ont point vu ta verdure;
　Son front n'a pu se parer de tes fleurs.
Que le soleil plus pur perce enfin les nuages
Qui couvrent sa prison des crêpes du trépas:
O printemps! dans les cieux, enchaîne les orages,
Et que tes doux zéphyrs dissipent les frimats,
Que les vents en courroux sèment sur son passage.
　Amour! ne l'abandonne pas,
　　De nos cœurs porte-lui l'hommage,
　Et fais fleurir tes myrtes sous ses pas!
Sur vingt peuples rivaux, armés pour le carnage,

Que la paisible olive incline son ombrage !—

Que le dieu qui préside au destin des états ,

Enchaîne pour jamais le démon des combats !

Les dieux nous menaçoient de toute leur colère ;

Mais Charlotte, pour nous, invoque leurs bienfaits ;

    A ses parens nous avons fait la guerre,

    Charlotte va nous envoyer la paix.

    D'une captive auguste et chère ,

    Vous qui venez sécher les pleurs ;

    Oh ! qu'un si touchant ministère

    Pour vous doit avoir de douceur !

    De Gâvres , par vos soins propices ,

L'Europe voit fermer le temple de Janus.

Quel trésor, quel honneur peut payer vos services ?

Quel peuple peut assez honorer vos vertus ?

    Si quelqu'espoir luit encor pour la France ,

    Nous le devrons à vos soins bienfaisans ;

Nous brisons à vos pieds l'autel de la vengeance ,

Et nous n'offrirons plus nos vœux et notre encens ,

Que sur l'autel de la reconnoissance.

J'entends les cris !

J'entends ceux de mon père,

Et moi je vis !

Je quitte ma patrie,

Sans pouvoir la haïr ;

Sur ses maux attendrie,

On me verra gémir.

Ciel ! pardonne à la France,

Rends-lui la paix ;

C'est le vœux qu'en silence,

Encor je fais.

RÉPONSE AUX ADIEUX

D'UNE JEUNE PRISONNIÈRE.

Air : *Charmante Gabrielle.*

AIMABLE infortunée !
Dont les affreux malheurs,
A notre destinée,
Attachent les douleurs ;
C'est trop peu que des larmes,
Pour un tel sort ;
Pour nous, s'il est des charmes,
C'est dans la mort.

Mais, tant que sur la terre,
Condamnés à gémir,
Nous pourrons ne pas taire
Un vœu seul.... un soupir ;
Vers Charlotte, sans cesse,
Il volera ;

Tout de notre tendresse
Lui parlera.

En quittant la patrie,
Où tu reçus le jour ;
Oui, ton ame attendrie,
Emporte notre amour ;
C'est le gage sincère
De nos regrets :
Tu seras toujours chère
Aux cœurs français.

LES . CHAGRINS

DE MARIE-THÉRÈSE-CHARLOTTE,

En sortant du Temple.

LORSQU'ELLE aura brisé ses chaînes ,
Dans le temple de l'Éternel
Elle ira déposer ses regrets et ses peines ;
Mais l'Éternel n'a plus de temple ni d'autel.
Elle ira voir ce riche mausolée
Qui des rois ses aïeux nous rappellent les traits ;
Mais pour la France désolée
Tous ces beaux monumens sont perdus à jamais.
Elle visitera ces superbes portiques ,
Ces dômes somptueux , ces colonnes antiques,
Où la pompe des rois fit envier son sort ;
Mais, vain espoir ! trop malheureuse fille !
Ces palais sont couverts du sang de sa famille ;
C'est là que de son père on a signé la mort.

Console-toi, père sensible et tendre !

Ta fille ira mêler ses larmes à ta cendre.

Que la France contemple un si touchant tableau !

    Mais, ô princesse infortunée !

    Qui peut assez plaindre ta destinée ?

    Ton père, hélas ! n'a point eu de tombeau !

6

L'AMOUR DANS LES FERS.

Air : *Brillantes fleurs, quittez la cour de Flore.*

O dieu d'amour ! la France t'abandonne,
A la beauté les cachots sont ouverts ;
Chez les Français l'amour avoit un trône,
Et maintenant il n'a plus que des fers.

Beaux paladins, qui, pour l'amour des belles,
En conquérans parcourez l'univers,
Accourez tous, et, chevaliers fidèles,
Du dieu d'amour venez briser les fers.

Venez tous voir sa chevelure blonde (1),
Dans son chagrin, flotter au gré des airs.
Le ciel reçut Vénus sortant de l'onde,
Et, dans Paris, on la charge de fers.

(1) Les cheveux blonds de Marie-Thérèse-Charlotte flottent presque toujours en négligé. Ceux qui ont le bonheur de la voir, disent que rien n'égale ses grâces et sa beauté,

Ce Dieu charmant, l'amour à qui tout cède,

Plus qu'un mortel éprouve de revers ;

Il fut jadis blessé par Diomède,

Et maintenant il est chargé de fers.

Aucun mortel n'accompagne ses traces,

Il n'a donc plus d'ami dans l'univers ;

Il seroit seul, si les jeux et les grâces,

Dans sa prison ne partageoient ses fers.

Il est toujours notre dieu tutélaire,

Malgré les maux que son cœur a soufferts.

Il a toujours conservé l'art de plaire,

Le tendre amour nous sourit dans les fers.

Ses noirs chagrins l'embellissent encore ;

Comme une fleur, dont s'embaument les airs,

Brille au matin des larmes de l'aurore,

L'amour nous charme, en pleurant sur ses fers.

Un jeune chien prend part à sa misère ;

Loin des humains, loin d'un siècle pervers,

Dans sa prison Vénus s'est fait bergère ;
Amours, jettez des myrtes sur ses fers.

Quand sous ses doigts fuit l'aiguille légère (1),
De loin prêtez l'oreille à ses concerts ,
Arrêtez-vous devant ce sanctuaire ;
C'est son bandeau qu'amour fait dans les fers.

Sous son pinceau (2) venez voir la nature
Se recréer sous mille traits divers ;
Vous croyez voir le dieu de la peinture ,
Mais c'est l'amour qui dessine ses fers.

Dans ses fureurs , que le dieu de la guerre
Cesse à la fin d'effrayer l'univers ;
Viens, ô dieu Mars ! pour consoler la terre ,
Sécher les pleurs de l'amour dans les fers.

(1) Marie-Thérèse-Charlotte s'occupe de broder
et de coudre , pour charmer l'ennui de sa prison.

(2) L'auguste prisonnière a fait une étude suivie
du dessin ; on l'a vue très-souvent dessiner.

La cruauté , la fureur , la vengeance
Contre l'amour ont armé les enfers ;
Ouvrons enfin nos cœurs à l'espérance
De voir l'amour délivré de ses fers.

On outragea la beauté , l'innocence ,
L'amour long-temps pleura sur nos travers ;
Et pour jamais il va quitter la France,
Pour nous punir de le charger de fers.

VERS

Pour être écrits à la porte du Temple.

LA haine aux noirs projets , l'implacable vengeance
Planent autour de ce palais :
Ces murs sont couverts de cyprès ;
Des cris plaintifs troublent seuls leur silence.
Passant , recule épouvanté ,
C'est le tombeau de l'innocence
Et la prison de la beauté.

(67)

VERS

Sur le reproche qu'on faisoit à l'auteur d'em-
ployer des couleurs trop sombres pour
chanter Marie-Thérèse-Charlotte.

D. Quand vous chantez une auguste princesse,
Toujours le noir chagrin inspire vos accens ;
    Craignez d'augmenter sa tristesse
    Par la tristesse de vos chants.
R. De la douleur j'exprime le langage ;
Tant de malheurs, hélas! sont venus l'accabler!
Ah ! ce seroit lui faire un véritable outrage,
    Que de vouloir la consoler.

PIÈCES DIVERSES.

FRAGMENT

DES ANNALES DE L'INDE.

Issu d'une famille dont l'origine se perdoit dans la nuit des siècles, *Fercan* régnoit sur le *Geslau*, pays aussi étendu que plusieurs royaumes d'Europe réunis. Les tributs du sol le plus fertile, ceux du commerce, de l'industrie et des arts élevés au dernier degré; des mines d'or et d'argent; des trésors sans cesse augmentés; tout ce qu'il y a de plus précieux ammoncelé à l'infini, rendoient incalculables les revenus et les richesses de *Fercan*.

La nature l'avoit doué d'une beauté parfaite, d'une force de corps unique, d'une santé, d'une vigueur de constitution, qui sembloient inaltérables. Il ravissoit l'admiration, il excitoit l'envie générale. Le premier souverain de l'Asie eût été le plus heureux, si l'Eternel ne l'avoit destiné au plus terrible des exemples.

Dans l'époque la plus brillante de son âge, de sa gloire et de sa prospérité, il fut attaqué d'une maladie inconnue jusques-là. Peut-être en avoit-il apporté le germe en naissant; peut-être vint-elle de l'usage immodéré qu'il fit d'un breuvage funeste mis alors fort à la mode par certains chymistes de cette contrée qui usurpoient le nom de sages. Tout-à-coup toutes les

fibres de son cerveau se dérangèrent à-la-
fois. Il tomba dans une inquiétude fréné-
tique dont l'effet fut de se persuader qu'il
étoit pauvre, infirme, humilié, aveuglé
sur sa vraie grandeur et ses intérêts; malheureux enfin de toutes les manières, il
crut que pour parvenir à la félicité, il
falloit changer absolument les idées, les
occupations, le régime, le gouvernement,
la langue, toutes les habitudes physiques
et morales de ses peuples; car son vaste
royaume en contenoit plusieurs. Il abolit
le culte du *Soleil*, cette divinité bien-
faisante qui l'avoit constamment favorisé
de la protection la mieux marquée. Il es-
saya même d'effacer la croyance de son
existence. Il renvoya tous ses anciens ser-

viteurs qu'il plongea dans la misère, et les remplaça par de nouveaux, indignes de sa confiance et de l'estime de ses sujets. Il détruisit entièrement l'administration de ses revenus et l'ordre établi dans ses états, pour y en substituer de tout différens. Il porta sur toutes les parties la faulx si dangereuse des innovations inconsidérées. Il chargea son principal ministre de diriger cette subversion totale qu'il nomma *régénération*. Ce fidèle serviteur, après lui avoir fait les représentations dictées par la raison et l'expérience, et autorisées par des services héréditaires, remplit avec zèle la tâche critique qui lui étoit imposée. *Fercan*, dans un accès violent de sa maladie, s'imagina qu'il ré-

pugnoit à l'exécution de ses desirs , et fit
périr du dernier supplice un des hommes
les plus vertueux de l'Asie.

Ce n'est pas tout : ce ministre avoit une
femme adorée et deux enfans qui le dis-
putoient à l'aurore en fraîcheur et en
beauté. Toutes les mères qui les voyoient
souhaitoient à leurs fils les grâces naïves
du jeune *Souli* , et à leurs filles les
attraits enchanteurs de la belle *Erima*.
Celle-ci avoit à peine vu son treizième
printemps. Elle avoit déjà tous les traits
de sa mère , et elle annonçoit toutes ses
vertus. La tendresse de ces deux enfans
l'un pour l'autre étoit sans bornes ; et
leurs parens , qui les chérissoient unique-
ment , étoient récompensés de leurs soins

par les plus douces caresses. On voyoit déjà percer chez eux le germe des talens, au milieu même des jeux innocens de l'enfance. Il n'étoit bruit à la cour et dans toute l'Asie, que des saillies ingénues de *Souli*, que des réparties fines et délicates de la jeune *Erima*. On vantoit son esprit. Les pauvres vantoient encore plus sa bonté. Hélas ! tant de beauté, de talens, de vertus étoient comme les fleurs semées sur un rocher orageux : le père, la mère et toute la famille de *Souli* périrent victimes de la vengeance de *Fercan* ; les deux jeunes enfans ne respirèrent plus que dans une affreuse tour, qui étoit devenue le tombeau de leurs amis. Le dieu de l'univers eut pitié de tant de malheurs réunis sur la tête d'un enfant. Il retira son souffle, et *Souli* expira , comme un jeune lis dont la tempête a brisé la tige naissante.

Pendant que la jeune *Erima* pleuroit , dans une tour , la mort de tous ceux qui lui furent chers , *Fercan* se livroit toujours aux mêmes excès. Tel que le héros d'un roman européen, il voulut obliger tous les princes ses voisins à confesser que *son systéme étoit le plus beau des systémes*, et à l'embrasser. Sur le refus , il les défia tous ensemble au combat. Croyant ses revenus et ses trésors intarissables , il se livra à des prodigalités sans bornes en faveur de tous ceux qui se dévouoient à lui. Les tributs cessant presque par l'embarras des nou-

velles formes ; l'agriculture, le commerce
et les arts dépérissant, il y suppléa en
s'emparant des fortunes des classes les plus
riches de ses sujets, des statues d'or et
d'argent et des effets précieux de toutes
les pagodes du *Geslau* et des pays
dont il faisoit la conquête. Il exigea et il
obtint de la douceur et de la bonté de ses
peuples accoutumés à l'obéissance et à
l'amour pour leurs maîtres, des ressources
inexprimables. Il envoya et mena succes-
sivement avec lui aux combats ces hommes
dociles et naturellement guerriers. Il
exerça une toute-puissance inouie dans
l'usage de tous les moyens. La terreur que
ses ordres inspiroient empêchoit de lui
rien refuser ; car la plus légère opposition

à sa volonté étoit punie de mort , et on ne
sauroit nombrer ceux qui furent extermi-
nés par les exécuteurs de ses loix impla-
cables. Il porta long-temps la guerre à
l'Asie entière conjurée contre lui. Il fit
des prodiges incroyables de courage et
d'habileté. Il déploya une valeur , une
force personnelle au-dessus de toute ex-
pression , et l'Asie vaincue à plusieurs
reprises trembla devant lui. Les revers
inévitables dans les longues chances militaires lui donnoient une nouvelle éner-
gie. Son intrépidité indomptable , peut-
être encore l'ardeur de sa maladie , l'en-
flammoient d'une vigueur plus qu'humaine. Il communiquoit ce fanatisme de
gloire à tout ce qui lui appartenoit ; et

l'ascendant de son génie et de son destin n'étoit jamais plus redoutable, plus prodigieux, que quand le sort lui avoit paru contraire quelques instans.

Mais, à la fin, ses trésors tarissent; les pertes de la guerre dépeuplèrent son royaume. Un nombre infini d'habitans, excédés des maux qu'ils éprouvoient, alla chercher une terre plus tranquille. Il avoit déjà eu l'imprudence d'en bannir beaucoup pour de légères différences d'opinions et de chimériques conspirations; d'autres entraînés par des préjugés de naissance et de religion qui réclamoient quelque indulgence, avoient abandonné leur patrie devenue trop sévère pour eux. L'agriculture languit par le défaut de

bras et la surcharge des tributs. Une affreuse disette survint. Les coffres vuides
ne permirent plus de tirer des états voisins les grains que la vengeance et la politique auroient refusés , quand même la
confiance n'eut pas manqué pour les *pro-
messes civiles* que *Fercan* substituoit
depuis long-temps aux *dariques* , d'un
usage universel dans l'Asie.

L'infortuné souverain , épuisé par les
longues fatigues de la guerre , par les
blessures qu'il avoit reçues et le sang qu'il
avoit versé dans mille combats , miné par
le tourment perpétuel de sa maladie et
des agitations brûlantes de son esprit ,
vit avec désespoir la famine et la disette
de tout , anéantir son vaste et riche

royaume. Une désolation profonde, un
mécontentement sourd, mais extrême,
annonçoient la destruction prochaine d'un
pays où personne n'étoit assuré de sa sub-
sistance, ni de son existence ; où l'on ne
marchoit que sur des ruines et sur des
cadavres. *Fercan* chercha inutilement
des secours, des remèdes chez les conseil-
lers et les médecins imposteurs qui l'a-
voient toujours enivré du poison du
mensonge et de la flatterie, en lui pro-
mettant l'immortalité et le plein succès
de toutes ses entreprises ; ses maux étoient
incurables. Devenu un squelette hideux,
après s'être débattu long-temps dans les
convulsions de la plus cruelle agonie que
la force extraordinaire de son tempéra-

ment prolongea malheureusement trop pour lui et pour les témoins et les victimes de son affreuse maladie, il expira dans les déchiremens inupportables de toutes les misères, de toutes les douleurs et de tous regrets réunis.

Ainsi finit celui qui avoit été le plus grand, le plus puissant, le plus riche, le plus beau, le plus fort de tous les souve-rains de l'Asie ; ainsi se vérifia la sentence de *Sadi* : *ó homme ! l'abus tue tout ce qui existe sous le soleil ; rien n'est iné-puisable que l'immensité de l'Eternel.*

LES CONSOLATIONS

DE LA RELIGION,

A Marie - Thérèse - Charlotte.

Une fille, née pour jouir de tous les avantages que donne le plus beau rang où l'ambition puisse prétendre ; accoutumée, dès sa plus tendre enfance, à voir les cœurs et les hommages voler au-devant de ses vœux ; aussi favorisée des dons de la nature, qu'heureuse de l'amour de ses parens, tombe tout-à-coup du palais des grandeurs dans la solitude du cachot le plus effrayant. Elle appelle à son secours la puissance de son père ; cris inutiles ! son père ne peut plus lui répondre ; elle veut se jetter dans les bras d'une mère chérie, et déjà cette mère est à jamais

séparée d'elle. Dans l'excès de sa douleur
elle cherche du moins quelqu'un de sa
famille qui puisse l'instruire du sort des
auteurs de ses jours : vain espoir ! plus
de famille. Elle adresse ses prières à tout
ce qui l'entoure ; elle ne voit autour d'elle
que des pierres , des grilles , et le spectacle hideux de la misère. Le bruit des
verroux de sa prison retentit à ses oreilles;
elle court à la porte , interroge l'être qui
se présente; elle le supplie , le conjure à
genoux..... ô dernier terme de la dégra-
dation de l'espèce humaine !..Ce monstre
la repousse , ne répond à ses prières que
par des injures, à ses larmes que par une
dérision plus cruelle encore ; il trouve
mille expressions pour accabler l'infortune; il n'en trouve aucune pour l'ins-

truire de ce qu'elle a tant intérêt de savoir. Pendant deux ans, chaque jour
mêmes efforts, chaque jour même succès.

Un bourreau est quelquefois remplacé
par un autre ; dans cette fonction, les
hommes se succèdent, mais l'esprit qui
les anime est invariable. Venez, législa-
teur moraliste, venez moraliste religieux,
entrez dans ce cachot : voyez l'innocence,
la jeunesse, la beauté succombant sous le
poids de l'infortune la plus inouie. Eh
bien ! vous fuyez, vous ne trouvez en
vous aucun motif de consolation ; en effet,
que pourriez-vous dire ? La réparation
de tant d'outrages n'est pas au pouvoir
des mortels. Laissez parler l'homme religieux ; c'est lui qui se présente, écou-
tez, et, dans la supposition même où

l'idée d'un dieu protecteur ne seroit qu'un système , jugez de l'avantage inappréciable que ce système auroit sur le vôtre.

« Ma fille (permettez - moi ce titre ; c'est au nom d'un dieu de bonté que je vous le donne) , ma fille , ce dieu protecteur m'envoie pour sécher les larmes de l'innocence ; vos prières ont monté jusqu'à lui ; l'excès de vos malheurs l'a touché. Qu'ils sont affreux, les maux que vous avez soufferts ! qu'ils sont terribles à rappeller, les événemens que votre tendresse filiale vous fait un besoin de connoître ! O mon enfant ! quand à ma voix les portes de votre prison seroient brisées, quand il vous seroit permis de parcourir l'univers , en vain vos cris y redemanderoient les soutiens de votre enfance. Lerez les yeux au ciel, invoquez l'auteur de la nature ; c'est dans son sein qu'ils reposent, ce n'est qu'au séjour éternel qu'ils ont pu trouver un réfuge contre la barbarie des hommes.

» Pleurons, ma fille, unissons nos larmes, nos prières et nos regrets. Le dieu qui plaça dans nos cœurs le besoin si doux d'aimer, ne peut être offensé de votre chagrin ; il le seroit de votre désespoir. N'oubliez pas que ce dieu veille sur vous ; n'oubliez pas que, du séjour éternel, vos parens planent sur leur fille chérie ; ils l'observent, ils ont droit d'attendre d'elle le courage religieux qu'ils ont porté jusques sur l'échafaud..... sur l'échafaud..... vous frémissez, ma fille! Vous frémiriez avec bien plus de raison, s'il vous étoit possible de supposer qu'ils eussent mérité un pareil sort ; car alors plus d'espoir de jamais, jamais vous réunir à eux. Mais ni les loix humaines, ni les loix divines n'ont ratifié un pareil supplice ; l'échafaud étoit alors le seul oreiller sur lequel s'endormoit la vertu.

» Ma fille, les révolutions qui d'un palais vous ont placée dans une prison, peuvent de cette prison vous reporter dans un palais. N'oubliez jamais que l'école du malheur est, pour l'être qui se confie à la bonté de dieu, l'école où le caractère se forme à la vertu. Quand vous rentrerez dans le monde, ne cherchez point à venger la mort de vos parens ; plaignez leurs ennemis et les vôtres. Plaignez-les, vous en avez le droit, car eux seuls sont à plaindre. Déjà, pour la plupart, ils se sont entre-dévorés, sans pouvoir s'accorder sur le partage de vos richesses; un esprit de vertige semble agiter...... Mais ce n'est point d'eux dont il faut vous occuper. Ma fille, vivez toujours vertueuse, et la mort sera pour vous le premier pas vers le bonheur éternel. La vertu de votre situation est une entière résignation à la volonté du ciel; qu'elle ne vous abandonne pas, et quelque soit le sort qui vous est réservé, vous trouverez aisément le courage de le supporter. »

DESCRIPTION DU TEMPLE.

LE Temple a pris son nom des anciens religieux Templiers. Les premiers habitans de ce malheureux palais n'eurent pas une fin moins tragique que ceux qui l'ont habité de nos jours ; on connoît la mort déplorable des chefs de cet ordre sous Philippe - le - Bel. Depuis ce temps , cet édifice a passé à la possession des chevaliers de Jérusalem , connus depuis sous le nom de chevaliers de Malthe. Il n'étoit d'abord qu'une maison de religieux ; mais il s'accrut avec la fortune de ses possesseurs. Cette maison étoit si magnifique au règne de saint Louis , que , lorsque ce monarque accorda le passage par son

royaume à Henri III, roi d'Angleterre,
pour retourner de Gascogne dans ses états,
le roi lui donna le choix du palais ou du
Temple pour son logement; mais Henri
préféra le Temple, à cause du grand
nombre d'appartemens qui s'y trouvoient;
ce fut-là que ce prince donna un grand
festin au roi et à toute la cour. Ce repas
fut si magnifique, qu'un historien con-
temporain le met au - dessus des fêtes les
plus célèbres de l'histoire. Tristes effets
du temps et des révolutions ! Le palais où
saint Louis recevoit une fête si brillante,
devoit être un jour la prison de ses des-
cendans. Si l'on faisoit bien attention à
ces contrastes de la fortune, on n'oseroit
jamais se réjouir : *vous dansez dans les*

fêtes publiques , dit un sage chinois ; mais ne tremblez - vous pas de danser sur la place qui doit servir de tombeau à vos amis et à vos enfans.

Le frontispice , la porte, les murs extérieurs du Temple , tout annonce un monument de l'antiquité. On entre d'abord dans une cour ; c'est-là que sont les cuisines , c'est-là qu'habitent l'économe et tous ceux qui sont chargés de la nourriture des prisonniers. On y a placé un corps-de-garde : lorsque Louis XVI étoit dans la tour , et quelque temps après sa mort , on y voyoit deux pièces de canon dirigées vers l'entrée. En sortant de cette première cour , on entre dans une autre, qui présente un appareil moins lugubre ;

c'est un jardin où l'on a semé quelques fleurs et quelques plantes potagères ; dans cette cour , se trouve encore établi un corps-de-garde.

C'est en entrant dans la troisième cour qu'il faut réunir toutes ses forces , si l'on porte un cœur sensible. Deux guichets offrent à l'extérieur leur barrière redoutable ; au-dedans c'est le temple de la mort. Qu'on se figure une tour isolée , au milieu de quelques arbres qui couvrent l'enceinte de leur ombre mélancolique et solitaire ; de grands murs s'élèvent autour de cette demeure , et dérobent l'aspect de tout l'horison ; l'épaisseur des murs de la tour rappelle d'abord l'idée d'une prison ; les jalousies énormes qui couvrent toutes les fenêtres, annoncent le plus ténébreux des cachots. La tour est très-élevée ; elle est surmontée d'une terrasse : on a vu quelquefois la reine s'y promener dans l'été de 1793 ; cette terrasse domine Paris : c'est-là qu'elle fixoit, d'un regard tranquille, la place où l'on dressoit son échafaud....

Cette tour, flanquée de quatre tourelles, a été bâtie par frère Hubert, trésorier des Templiers, qui mourut en 1222 ; c'est-là qu'on gardoit en dépôt le trésor des rois de France, qui avoit été confié à la garde des chevaliers de l'ordre. Près de la tour, étoit autrefois une chapelle, mais la chapelle n'est plus qu'un bâtiment abandonné ; plusieurs person-

nages illustres y ont reçu la sépulture :
on y voyoit encore leur épitaphe , il y a
quelques années ; mais toutes les inscrip-
tions ont disparu. Lorsqu'on parcourt
cette enceinte , lorsqu'on se rappelle tout
ce qui s'est passé dans ce lieu , qui n'est
plus qu'une affreuse solitude, on croit
lire , sur tous les murs , ces vers qui y
étoient gravés sur le cercueil du prince
François de Loraine , grand - prieur de
France.

Vous doncques qui n'avez pour ayeux ni pour pères
Les princes et les rois, ne pleurez vos misères ;
Mais plutôt, sur la terre, allez patiemment,
Puisque la mort aux grands ne pardonne autrement.

A la tour est adossé un corps-de-garde ;
au rez-de-chaussée de la tour , est une

très-belle salle : c'est la chambre du conseil, c'est - là que se rassembloient les
commissaire de la commune ; au premier
étage, on trouve encore une chambre
aussi vaste, mais obscure et sombre, où
Louis XVI a passé les derniers jours de
sa vie ; madame Elisabeth, la reine et ses
enfans étoient au second étage. O pers-
pective affreuse ! c'est - là que Marie-
Thérèse les pleure encore. Je n'ai pas la
force de continuer. J'avois promis à mes
lecteurs la description d'une prison, et
je ne fais que la description d'un tombeau !......

ANECDOTES

SUR LES PRISONNIERS DU TEMPLE.

Lorsque Marie-Antoinette d'Autriche fut traduite à la Conciergerie, on la plaça dans une chambre (la chambre appelée du conseil) qui est regardée comme la plus mal-saine de cette affreuse prison toujours humide et infecte. Sous prétexte de lui donner quelqu'un à qui elle pût demander ce dont elle pouvoit avoir besoin, on lui envoyoit, pour lui servir d'espion (de mouton en termes de prison), un homme d'une figure et d'une voix effroyables, qui étoit chargé d'ailleurs, dans la Conciergerie, des travaux les plus dégoûtans et les plus mal-propres. Cet homme se nommoit Barassin, voleur et assassin de profession, qui avoit été condamné à quatorze années de fers, par jugement du tribunal criminel. Le concierge, qui avoit besoin d'un chien supplémentaire qui eût la parole, avoit obtenu que Barassin, coquin très-intelligent, resteroit à la Conciergerie, où il tiendroit son banc de galérien : tel étoit *l'honnête* personnage qui tenoit lieu de valet-de-chambre à celle qui fut reine de France. Cependant, quelque temps avant sa mort, on lui avoit ôté son officieux, le voleur de grands chemins, et on avoit placé dans l'intérieur de sa chambre une sentinelle (un gendarme) qui veilloit jour et nuit autour d'elle, et dont elle n'étoit séparée, même pendant son sommeil, sur un lit de sangle, que par un mauvais pa-

ravant en lambeaux. La fille des em-
pereurs romains avoit, dans ce séjour affreux, pour tout vêtement, une mauvaise
robe noire, des bas troués, qu'elle étoit
obligée de raccommoder tous les jours,
pour ne pas être exposée nue aux regards
de ceux qui venoient la visiter, et point
de souliers. Tel a été le sort de Marie-
Antoinette, devant qui toute l'Europe a
fléchi le genou, à qui tous les honneurs
qui puissent être rendus à une mortelle
ont été prodigués, pour qui tous les trésors du monde ont été ouverts.

Après la mort de leur mère, ou sa sortie
du Temple, les deux enfans de Louis XVI
furent totalement abandonnés : on les laissoit sans linge ; et c'est, dit-on, l'excès de

9

mal - propreté qui a engendré la maladie de peau, et ensuite les ulcères, dont l'un d'eux est mort. Voici un fait qui a été attesté par un des fonctionnaires publics de l'ancienne commune de Paris, qui fut emprisonné au Luxembourg environ un mois ou six semaines avant le 9 thermidor. On avoit retiré à ces enfans toute espèce de gardes et de soins intérieurs ; ils étoient seuls, chacun dans une chambre, où personne n'avoit accès, pas même pour faire leur lit, retirer ou balayer les ordures. On leur faisoit passer leurs repas par une espèce de tour qu'on avoit pratiqué à chacune de ces chambres. On les appeloit brusquement, lorsqu'on leur apportoit à manger ; on plaçoit les mets dans ce tour, et on leur faisoit rapporter les plats vuides qu'on leur avoit fourni la veille.

Le fils de Louis XVI se couchoit au milieu des ordures, comme le dernier des malheureux, sur un lit qui n'étoit jamais remué, jamais fait; car il n'en avoit pas la force. Sa jeune sœur, au contraire, balayoit tous les jours sa chambre, en jetoit la poussière avec soin, se tenoit propre, et faisoit sa toilette même autant qu'il lui étoit possible de la faire, dans une affreuse prison où on la laissoit manquer du plus absolu nécessaire.

Cette cruauté envers des enfans infortunés par la captivité la plus dure, plus infortunés encore par les soins recherchés qu'on avoit eus pour eux, par les honneurs de toute espèce qu'on leur avoit rendus, par le respect profond qu'on leur avoit témoigné, n'est pas la seule qu'on ait exercée ; en voici une d'une espèce unique, qui appartient aux membres de la commune, à ce chef-d'œuvre de la démocratie, qui devoit fixer à Paris toutes les libertés civiles et politiques, toutes les vertus, toute la gloire de la suberbe Rome, tous les arts, toute l'urbanité de la Grèce. Après la retraite du fameux Simon, savetier de son métier, et gouverneur du jeune fils de Louis XVI, deux hommes, ou plutôt deux dogues de cette commune, veilloient jour et nuit autour de la chambre de cet enfant. Dès que le jour cessoit, on lui ordonnoit de se coucher, parce qu'on ne vouloit pas lui donner de lumière. Quelque temps après, lorsqu'il étoit plongé dans son premier sommeil, un de ces Cerbères, craignant que le diable ou les *aristocrates* ne l'eussent enlevé à travers les voûtes de sa prison, lui crioit d'une voix effroyable : *Capet? où es-tu? dors-tu?* -- Me voilà, disoit l'enfant moitié endormi et tout tremblant. -- Viens ici, que je te voie. Et le petit malheureux d'accourir tout suant et tout nu : -- Me voilà; que me voulez-vous? -- Te voir; va, retourne te coucher : *housse.* -- Deux ou trois heures après, l'autre brigand recommençoit le

...

même manège, et le pauvre enfant étoit obligé d'obéir.

———

La prison du Temple étoit tellement environnée du mystère sous Robespierre, que les prisonniers ont toujours ignoré les plus grands évènemens. Depuis la chûte de Robespierre, ils étoient traités avec plus d'égards. Le fils de Louis XVI, dans les derniers instans de sa vie, se félicitoit, auprès d'un commissaire, d'être mieux traité dans sa prison ; il faisoit en même-temps des plaintes très-vives sur son ancien instituteur, Simon, qui le faisoit couvrir de haillons, et le maltraitoit de de toutes les manières : *que lui feriez-vous*, lui dit le commissaire, *si vous de-*

veniez roi? -- Je le ferois punir pour *l'exemple*, répondit le jeune Louis. Depuis deux ans, il n'avoit eu des rapports qu'avec Simon, il ne connoissoit que Simon dans l'univers : il ne savoit pas qu'il étoit mort avec les complices de Robespierre.

On ne sauroit croire jusqu'à quel point les décemvirs et leurs agens avoient poussé la scélératesse, à l'égard de ces malheureux enfans, sur lesquels la postérité versera des larmes. La femme de Simon, qui étoit gouvernante du Temple, comme son mari en étoit le gouverneur, employoit tous les moyens que lui donnoit son ministère, pour corrompre le cœur du fils de Louis XVI ; elle le forçoit à chanter la chanson de la carmagnole, dont le premier couplet commence ainsi :

Madame Véto avoit promis
De faire égorger tout Paris.

La gouvernante avoit ajouté à cette chanson des couplets infâmes , qu'elle faisoit apprendre à son élève. C'est ainsi que le Temple étoit devenu une maison de corruption , où les poisons d'une autre Circé métamorphosoient les hommes en animaux immondes. Ce malheureux enfant avoit une figure céleste ; mais il avoit le dos courbé , comme accablé du fardeau de la vie; il avoit perdu presque toutes ses facultés morales ; et le seul sentiment qui restoit dans son ame, c'étoit le sentiment de

la reconnoissance , non pas pour le bien
qu'on lui faisoit, mais pour le mal qu'on
ne lui faisoit pas ; sans prononcer une
seule parole , il se précipitoit au - devant
de ses gardiens , il leur serroit les mains ,
et il baisoit le pan de leur habit. Nous
sommes loin de croire , comme on l'a dit
et comme on le dit encore , qu'il ait été
empoisonné; mais ce que nous pouvons
affirmer , c'est que la commune du 31
mai a tenté plusieurs fois de s'en délivrer
de cette manière. Une somme considé-
rable avoit été offerte à un apothicaire
connu ; l'apothicaire refusa de se prêter
à une trame aussi noire ; mais dans un
temps où la tyrannie trouvoit tant de
juges assassins , qui peut répondre qu'elle

n'ait pas trouvé un *apothicaire empoisonneur ?*

Lorsque Marie - Antoinette quitta le Temple, Marie-Thérèse-Charlotte resta seule avec madame Élisabeth, qu'elle a toujours aimée tendrement : que de jours elles ont passés dans les pleurs ! que de nuits se sont écoulées dans les plus vives alarmes ! Leur demeure obscure ressembloit au plus noir souterrain ; et, pour en augmenter l'horreur, on leur refusoit de la lumière. Un soir, Marie-Thérèse-Charlotte apperçut une sentinelle à moustaches, qui battoit le bricquet pour allumer sa pipe : élevée à la cour, cette manière de faire du feu lui étoit inconnue;

elle ne put s'empêcher d'exprimer son étonnement et sa joie de voir ainsi produire de la lumière : « oh ! que vous êtes » heureux, dit-elle, à la sentinelle, » de faire ainsi du feu ! » La sentinelle, sans la regarder, lui répondit d'une manière à ne pas démentir sa figure rébarbarative. Marie-Thérèse-Charlotte se retira, moins étonnée d'un langage qu'elle avoit trop coutume d'entendre, que du spectacle de la lumière, dont elle étoit privée depuis long-temps. Mais quelle fut sa surprise le lendemain en revenant au même endroit, de trouver un bricquet, des pierres, et tout ce qui est nécessaire pour allumer du feu : c'étoit pour elle comme un enchantement de féerie. Elle devoit cette attention délicate à une sentinelle à moustaches menaçantes : quel contraste de voir l'humanité se montrer ainsi sous les dehors sauvages dont le crime se paroit dans ces jours de de barbarie ! Marie-Thérèse ramassa soigneusement le bricquet : elle a dit depuis que rien ne l'avoit touchée comme ce généreux procédé. Le bricquet étoit devenu pour elle un objet de récréation , il lui est devenu infiniment précieux , et elle le conserve encore aujourd'hui comme un monument de délicatesse et de générosité. Puisse un jour la fortune , qui dispose de tout , offrir ce bon gendarme à la reconnoissance de Marie-Thérèse-Charlotte !

Les deux enfans prisonniers étoient
entièrement abandonnés pour leur éducation. Le jeune fils de Louis XVI
avoit presque oublié tout ce qu'on lui
avoit appris autrefois : on lui donnoit des
livres ainsi qu'à sa sœur ; mais il n'en a
jamais fait usage , faute de savoir lire
couramment ; il savoit à peine écrire.
Simon et ceux qui lui ont succédé avoient
des ordres , non pas pour lui apprendre ce
qu'il ne savoit pas , mais pour lui faire
perdre la mémoire de ce qu'il savoit. Depuis la mort de sa mère et de madame
Elisabeth , jusqu'à la chûte du terrorisme , il sembloit que ce fût une condi-
tion nécessaire pour entrer dans sa prison ,
de n'avoir aucune notion de la morale ;

de n'avoir aucune des connoissances qui distinguent l'homme des animaux les plus grossiers : Dessault étoit le seul homme instruit dont il fût environné. Depuis les premiers jours de prairial où l'hidre du terrorisme levoit encore une tête menaçante, et sur-tout depuis la mort de Dessault, il avoit été plus que jamais délaissé ; tandis qu'on le désignoit comme le point de ralliement des ennemis de la convention, tandis que, dans les départemens, la renommée le plaçoit sur le trône de ses pères, la misère et la douleur l'enchaînoient sur son lit de mort ; le redoublement de sa maladie qui se fit alors appercevoir, engagea le comité de sûreté générale à lui envoyer un médecin et un chirurgien ; mais le mal avoit déjà fait de trop grands ravages , la mort l'avoit déjà marqué de son sceau funèbre , et les secours de l'art ont été sans effet.

———————

Tous les jours un détachement nombreux se rendoit au Temple pour garder les jeunes prisonniers : après la mort du fils de Louis XVI , la garde a été moins nombreuse ; des commissaires des différentes sections se relevoient tour-à-tour , et veilloient sur la jeune prisonnière. Elle ignoroit la mort de son frère. Un jour les commissaires lui parloient de cette jeune victime dont les derniers soupirs n'avoient pas encore pénétré jusqu'à elle : *pourvu qu'on en fasse un honnête homme* , leur dit-elle, *je suis contente*. Paroles remarquables ! qui annoncent la courageuse résignation avec laquelle elle a souffert son malheureuse destinée.

Marie-Thérèse-Charlotte a été long-temps abandonnée dans sa prison. Elle ne savoit rien de ce qui se passoit hors des murs dans lesquels elle étoit si horriblement enchaînée. « Ses affections, a dit » l'auteur du mémoire adressé à la nation, » comme la colombe de Noé, errent au- » tour de sa demeure, sans savoir où se » reposer ». A peine osoit-on marquer quelque intérêt à son sort. On ne la désignoit dans Paris que par ces mots : *la petite qui est au Temple.* Elle a été réclamée d'abord par quelques habitans d'Orléans, et ensuite par la commune de Dreux, qui envoya des commissaires dans le mois de septembre dernier à la convention nationale. Plusieurs écrivains ont pris sa défense au tribunal de l'opinion publique. Le nouveau gouvernement l'a traitée enfin avec plus d'égards ; à l'époque de la publication du mémoire adressé à la nation, Mme. Chanterenne fut placée auprès elle, et il fut permis à plusieurs personnes de la cour de son père, de la voir et de la consoler.

BULLETINS DU TEMPLE.

Du 10 Août.

Il a été fourni, depuis plus d'un mois, par suite des arrêtés des comités de gouvernement, pour Marie-Thérèse.........
24 chemises toile de Hollande superfine. —Six paires de bas de soie de couleur. —Six paires de souliers. — Deux déshabillés de taffetas de couleur. — Deux déshabillés de pékin et cotonnade avec taffetas de Florence pour doublure.

Les mémoires de la blanchisseuse contiennent, pour chaque mois, 30 chemises. Ce qui prouve qu'elle en change tous les jours. Outre les objets en neuf, on a fait

réparer tout ce qui pouvoit l'être, et no-
tamment six redingottes de bazin blanc
pour le matin.

Pour son instruction et son amusement,
il a été fourni *l'histoire de France*, par
Vely ; *les mondes de Fontenelle* ; du
papier, des crayons, de l'encre de la
Chine et des pinceaux.

Du 15 Août.

C'étoit hier la fête de Marie-Thérèse ;
on lui a donné un concert dans lequel
on a joué les airs le plus touchans et les
plus analogues à sa situation : la musique
étoit placée dans un grenier des bâtimens
du Temple. Marie-Thérèse a paru dans le
jardin, où elle s'est promenée long-temps.

Elle a montré qu'elle étoit sensible à la marque d'intérêt qu'on lui donnoit à une époque qui lui fut chère autrefois, mais qui avoit dû lui devenir bien triste, depuis qu'elle étoit devenue l'anniversaire de sa captivité.

Du 26 Août.

C'étoit hier le jour de la Saint-Louis; Marie-Thérèse est descendue dans le jardin, comme le jour de Notre-Dame; mais le concert n'a point eu lieu : elle en a paru inquiette, elle l'a attribué sans doute à quelqu'événement fâcheux; mais ceux qui l'approchent l'ont bientôt rassurée, en lui disant que les circonstances et les ordres du comité de sûreté générale n'avoient pas permis qu'on lui donnât un concert à cette époque.

Son temps est partagé entre le dessin, la broderie et la lecture ; outre les livres qui lui ont été fournis, elle a demandé les œuvres complettes de Fontenelle, les lettres de madame Sévigné, les lettres de madame de Maintenon, et les œuvres de Boileau : ces livres lui ont été accordés. Ensévelie sous des débris du trône, elle veut voir encore quelque chose des beaux siècles de la monarchie : heureuse, si en se reportant au siècle de Louis XIV, elle peut oublier ce qui s'est passé sous le règne de Louis XVI ! Elle ne sait rien des événemens qui lui ont enlevé la plus chère partie de sa famille : on lui promet une prochaine liberté ; hélas ! le premier jour qu'elle verra hors du Temple éclairera le spectacle de ses maux ; l'image ensanglantée de sa prison la suivra sur les bords du Danube : elle regrettera ces temps où elle étoit malheureuse , mais où elle se consoloit en songeant qu'il lui restoit encore un frère.

Du 10 Septembre.

Marie-Thérèse-Charlotte de Bourbon commence à avoir quelques adoucissemens , si non à son sort (ce qui seroit impossible), du moins à sa détention. Jeudi dernier , madame de Tourzel et une de ses filles M*** , dînèrent avec elle et y passèrent plusieurs heures. Après le dîner , elles se promenèrent toutes trois dans le jardin avec madame Chanterenne.

La fille de Louis XVI étoit au jardin lorsque madame de Tourzel et madame sa fille y arrivèrent. Avec quel empressement la prisonnière courut à elles , se précipita dans leurs bras , pressa la jeune dame contre son cœur ! Elle avoit été la première compagne , la plus tendre amie de son enfance.

Du 16 Septembre.

La fille de Louis XVI a eu la visite de madame de Makau , son ancienne gouvernante , avec qui elle a passé une partie de la journée. Cette dame , déjà avancée en âge , et dont une détention très-longue

a considérablement altéré la santé, paroissoit souffrante et avoit de la peine à
se soutenir. La fille de Louis XVI prit
son bras qu'elle passa dans le sien avec
une grâce infinie, et l'aida ainsi à marcher.
Madame de Makau avoit à la main un
grand chapeau blanc ; elle voulut s'en
servir pour se garantir du soleil qui l'in-
commodoit beaucoup : la fille de Louis
XVI, s'emparant alors de ce chapeau,
l'éleva en l'air de la main qu'elle avoit
libre, et le tint en opposition au soleil,
afin que madame de Makau n'en soufirît
pas....... qu'elle étoit aimable alors l'illustre infortunée ! Quel degré d'intérêt
elle ajoutoit à tous ceux que d'ailleurs
elle réunit ! Elle rendoit à un âge respec-

table, et de la manière la plus touchante,
une partie des soins donnés à son enfance
par la même personne. L'auguste captive,
depuis qu'elle peut quitter la tour, est habituellement au jardin depuis cinq heures
jusqu'au soir : madame de Makau devoit ne
s'en aller qu'à sept heures; mais s'étant sen-
tie indisposée, elle ne put rester au grand
air. La charmante prisonnière alla se ren-
fermer avec elle dans la tour, pour lui
faire société, et pour lui donner tous les
autres soins qui pouvoient dépendre d'elle.
C'étoit la première fois que madame
Marie - Thérèse - Charlotte de Bourbon
voyoit madame de Makau, depuis l'é-
poque si fatale pour elle du 10, et depuis trois ans, un mois, un jour.

11

Du 20 Septembre.

Marie - Thérèse - Charlotte n'ignore plus les malheurs de sa famille ; elle passe presque tous ses instans à écrire , pour se distraire de ses chagrins ; elle est tous les jours en robe de nankin ; tous les dimanches , elle se met en robe de linon , et , toutes les fêtes solemnelles , elle se pare d'une robe de taffetas verd. Les dames de Tourzel y vont trois fois par semaine ; elles dînent quelquefois avec elle. Madame Thérèse-Charlotte a aussi été visitée dans sa prison par sa nourrice, madame Laurent , qui a toujours montré le plus grand intérêt sur son sort, et qui a plusieurs fois demandé à lui donner, au Temple , les marques d'attachement qu'elle lui avoit données au berceau.

Du 25 Septembre.

Nous pouvons, en quelque sorte, affirmer à présent que l'auguste prisonnière n'ignore plus aucun de ses malheurs ; et il paroît que , pour les lui apprendre , on a su user de tous les ménagemens les plus religieux. Mais qu'il a fallu de courage pour entreprendre une tâche si pénible ! Si l'on est forcé de l'admirer , on ne peut cesser d'en être étonné. Il y a lieu de présumer que c'est madame de Tourzel qui s'est chargée d'instruire , en grande partie, l'illustre infortunée à qui on avoit précédemment donné à pressentir beaucoup de choses qui la touchoient le plus. Qu'elle doit être à jamais tendrement chérie cette victime si touchante des dés

tinées humaines ! Les sentimens de piété,
héréditaires dans sa famille, ont pu seuls
lui donner la force de supporter l'annonce
et la certitude de tant de malheurs qui,
en la déchirant dans tous les sens, pèsent
et pèseront encore long-temps bien dou-
loureusement sur toute la France.

Du 30 Septembre.

Madame Marie-Thérèse-Charlotte de
Bourbon paroît jouir d'une assez bonne
santé ; elle est d'une taille avantageuse ;
ses traits qui étoient, il y a trois ans,
fort délicats, ont pris un beau caractère ;
ses yeux sont grands, son teint paroît un
peu bruni ; ses cheveux, de blonds qu'ils
étoient, sont devenus un peu châtains ;
elle les porte habituellement sans poudre

et noués par derrière ; sa coiffure est ordinairement un fichu attaché par un nœud sur le devant, qui forme la rosette.

Elle paroit très-sensible à tout l'attachement qu'on ne cesse de lui témoigner.

Le nom de la personne qu'on a placée auprès d'elle, n'est point *Chanterel*, c'est la femme de M. *Bocquet de Chanterenne*, employé à l'administration de police, et fils d'un ancien avocat. Elle fut demandée par la section du gouvernement appellée *comité de salut public*. Une lettre qu'elle écrivit à ce sujet, décida entièrement le choix qu'on avoit fait de sa personne. Cette dame possède plusieurs talens agréables et utiles, entre autres, le dessin et la musique.

La plupart de ces derniers détails et renseignemens ont été donnés verbalement par le mari et la sœur de madame de *Chanterenne*, à la personne de qui nous les tenons.

Du 15 Octobre.

Chaque jour apporte un adoucissement à la détention de la jeune prisonnière du Temple. Sous le régime de Robespierre, elle n'avoit qu'une robe noire, qui la couvroit à peine ; maintenant elle est vêtue très-décemment. On lui a montré plusieurs étoffes, elle en a choisi pour faire des robes ; quand elle en demandoit deux, on avoit toujours le soin d'en mettre trois ou quatre, pour ne lui laisser rien à desirer. Les femmes à la mode disoient que Marie-Thérèse avoit une perruque blonde ; cela est faux, elle n'a jamais eu que sa chevelure, qui flotte toujours dans un aimable négligé.

Soir et matin elle fait sa prière ; mais ce sont là tous les actes de piété auxquels elle puisse se livrer dans la prison. Elle traite madame de Chanterenne avec beaucoup d'égards : cette dame a des attaques de nerfs très-fréquentes ; on a vu souvent Marie-Thérèse la soutenir par le bras, dans les promenades qu'elles font ensemble dans le jardin.

Du 16 Novembre.

Marie-Thérèse a la liberté de se promener dans les cours du Temple. Deux commissaires veillent toujours auprès

d'elle ; ils ne l'approchent que le chapeau bas, et ils la traitent avec le respect
qu'inspire le souvenir de ce qu'elle fut,
et le triste spectacle de ce qu'elle est aujourd'hui. Plusieurs personnes viennent
tous les jours la voir, et elle ne dîne
presque jamais seule. Une chèvre, qui est
auprès d'elle, occupe ses soins ; la chèvre
reconnoissante la suit familièrement. Un
de ces jours, un commissaire appeloit ce
fidèle animal, pour savoir s'il le suivroit
aussi ; mais la chèvre n'a point voulu le
suivre, ce qui a beaucoup fait rire Marie-
Thérèse. Un chien est aussi le fidèle
compagnon de la jeune prisonnière ; il
lui paroît très-attaché : cela me rappelle
une anecdote qui doit trouver sa place
ici : Marie-Antoinette avoit au Temple,

un chien qui l'avoit constamment suivie.
Lorsqu'elle fut transférée à la Conciergerie, le chien y vint avec elle; mais on
ne le laissa pas entrer dans cette nouvelle
prison. Il attendit long-temps au guichet,
où il fut maltraité par les gendarmes, qui
lui donnèrent des coups de bayonnettes :
ces mauvais traitemens n'ébranlèrent
point sa fidélité; il resta toujours près
de l'endroit où étoit sa maîtresse, et lorsqu'il se sentoit pressé par la faim, il alloit
dans quelques maisons voisines du palais,
où il trouvoit à manger; il revenoit ensuite se coucher à la porte de la Conciergerie. Lorsque Marie-Antoinette a perdu
la vie sur l'échafaud, le chien veilloit
toujours à la porte de sa prison ; il conti-
nuoit d'aller chercher quelques débris de

cuisine, chez les traiteurs du voisinage ; mais il ne se donnoit à personne, et il revenoit toujours au poste où sa fidélité l'avoit placé : il y étoit encore l'été dernier, et tout le quartier le désignoit sous le nom de *chien de la reine.*

Quelle leçon pour les personnes qui ont reçu autrefois des bienfaits de cette princesse, et qui, dans ces derniers temps, l'ont abandonnée lâchement pour le stérile avantage de lui survivre de quelques jours !

La santé de Marie-Thérèse-Charlotte ne paroît point altérée. Elle sait maintenant qu'elle doit aller à la cour de l'empereur ; c'est sans doute ce qui contribue à lui donner la gaîté qu'elle fait paroître.

PRÉCIS

DES NÉGOCIATIONS

Pour l'échange de Marie - Thérèse-Charlotte de Bourbon.

LES négociations, pour la liberté de Marie-Thérèse-Charlotte, ont commencé au mois de juillet dernier. La cour d'Autriche avoit d'abord offert une somme d'argent, pour sa rançon : on sait ce qu'il ne devoit coûter à une des maisons les plus puissantes de l'Europe, d'échanger une princesse de son sang contre des prisonniers, dont plusieurs avoient concouru à la mort du chef de la maison de Bourbon et de Marie-Antoinette d'Autriche ;

mais l'offre d'une somme d'argent ayant été refusée par le gouvernement français, la négociation pour l'échange fut entamée au mois d'août dernier. Les premières ouvertures s'en firent à Basle. Le comité de salut public de la convention, qui gouvernoit alors, s'offrit de rendre Marie-Thérèse-Charlotte à la cour de Vienne, et il fit demander en échange, la liberté des prisonniers d'état qui se trouvoient en la puissance de l'empereur. Ces prisonniers sont les députés Quinette, Camus, Bancal, Lamarque, livrés au prince de Cobourg par le général Dumouriez; le maître de postes Drouet, fait prisonnier de guerre sur les frontières de Flandres; et les ambassadeurs Maret et

Semonville, arrêtés en Italie par les Autrichiens.

La négociation a été très-longue et très-embarrassée ; on y agitoit les plus grands intérêts de l'Europe : le nom de paix s'est souvent mêlé au nom de Marie-Thérèse-Charlotte : il n'est pas impossible que la France ne doive un jour sa tranquillité à une princesse qu'elle a si long-temps retenue dans les fers. Quelles prières, en effet, pourront jamais fléchir le courroux du ciel, que celles qui s'éleveront de la prison du Temple ! Dans ce siècle de crime et de corruption, la tour de Marie - Thérèse est devenue le seul sanctuaire de la vertu sur la terre ; bientôt la colombe va sortir de cette arche

qui a surnagé sur le déluge universel.
Puisse-t-elle ne reparoître aux yeux des
peuples qu'avec une couronne d'olivier !

Les prisonniers d'état retenus par l'empereur, sont arrivés à Basle au commen-
cement du mois de novembre ; Marie-
Thérèse - Charlotte ne sortoit point du
Temple : le bruit s'étoit répandu de son
prochain départ , lorsque le comte de
Carletti , ministre du grand-duc de Tos-
canne , a demandé la permission de voir
une princesse qui tenoit à sa cour par les
liens de la parenté. Il s'y est pris d'une
manière assez mal-adroite ; et, comme ses
instances ont été très-vives et très-souvent réitérées, elles ont éveillé la défiance
du directoire exécutif. M. de Carletti a

reçu ordre de sortir du territoire français. Les rieurs n'ont pas été pour le ministre toscan , qui a paru tout-à-coup se réveiller d'un songe , et se ressouvenir que Marie-Thérèse étoit au Temple. Voici quelques couplets d'un vaudeville qui a été fait , lors de son départ précipité :

Je suis né natif de Florence ,
Je fus six mois ministre en France ;
Mais déjà m'en voilà parti ;
Povero caro Carletti !

J'avois l'humeur républicaine ,
Et je m'accommodois sans peine
De tout ce qu'on faisoit ici :
Povero caro Carletti !

Jadis Actéon sur Diane
Osa porter un œil profane ;

Par des chiens il fut assailli :
Povero caro Carletti !

A cette jeune prisonnière
Mon cœur ne s'intéressoit guère ;
Je n'y songeai pas jusqu'ici :
Povero caro Carletti !

Tout-à-coup il me vient en tête
D'être tant soit peu plus honnête ;
Comme Actéon, je suis puni :
Povero caro Carletti !

Cette malheureuse imprudence de
M. Carletti a resserré davantage les chaînes
de l'illustre prisonnière : elle voit moins
librement les personnes qui lui appor-
toient les consolations de l'amitié. On
espère que cet état ne durera pas long-

(137)

temps pour elle , et qu'elle partira bientôt pour Basle , où l'attend le prince de
Gàvres , nommé par l'empereur pour la
recevoir et la conduire à Vienne.

Pour faire connoître l'esprit des négociations , je crois devoir donner ici les
deux pièces préliminaires qui ont été
échangées entre les gouvernemens res-
pectifs.

L O I

Portant que la fille du dernier roi des
Français sera remise à l'Autriche , à
l'instant où les représentans du peu-
ple , etc. détenus par ordre de ce gou-
vernement , seront rendus à la liberté.

Du 12 Messidor, an troisième.

La convention nationale , après avoir

...

entendu le rapport de ses comités de salut public et de sûreté générale , déclare qu'au même instant où les cinq représentans du peuple , le ministre , les ambassadeurs français et les personnes de leur suite , livrés à l'Autriche , ou arrêtés et détenus par ses ordres , seront rendus à la liberté , et parvenus aux limites du territoire de la république , la fille du dernier roi des Français sera remise à la personne que le gouvernement autrichien déléguera pour la recevoir ; et que les autres membres de la famille de Bourbon, actuellement détenus en France , pourront aussi sortir du territoire de la république. La convention nationale charge le comité de salut public de prendre toutes les mesures pour la notification et l'exécution du présent décret.

La convention nationale décrète que le rapport sera imprimé , distribué et inséré en entier au bulletin.

Visé. Signé ENJUBAULT.

Collationé. *Signé* J. B. LOUVET (du Loiret) , *Président;* J. MARIETTE , DELECLOY , *secrétaires.*

NOTE DE L'EMPEREUR

Pour l'échange de Marie - Thérèse-Charlotte de Bourbon , fille de Louis XVI.

« Mon conseil aulique de guerre m'a rendu compte de votre rapport du 15 de ce mois, et de la pièce qui a été remise

au général Stein par le général Pichegru,
relativement à la princesse Marie-Thérèse, fille de Louis XVI, ma cousine,
et aux autres princesses de la famille des
Bourbons. Dans toute autre circonstance,
les conditions dont on veut faire dépendre
la liberté des membres de cette famille
infortunée, qui sont restés en France,
auroient dû être regardées comme entièrement inadmissibles ; mais puisqu'il n'est
que trop vrai, qu'au milieu des violentes
catastrophes qui se succèdent les unes aux
autres dans la révolution française, je ne
dois consulter que ma tendre affection
pour ma cousine, et mon intérêt pour les
princes et princesses de la famille des
Bourbons, et ne songer qu'aux dangers

dont ils n'ont cessé d'être environnés ;
mon intention est que vous fassiez connoître au général français que je veux
bien accéder, quant au fond, à la proposition qui a été faite.

» Mais il est une autre proposition que
je juge à propos de lier à celle que ren-
ferme la pièce remise au général Stein ;
elle a pour objet l'échange respectif des
nombreux prisonniers de guerre, dont,
nonobstant mes demandes réitérées, on a
refusé de s'occuper.

» Quelques soins que, malgré le traite-
ment peu favorable de mes soldats prisonniers en France, j'aie ordonné de prendre
des prisonniers français dans mes états,
quoiqu'ils soient placés dans des pro-

vinces où les vivres sont abondans, qu'on les paie exactement en numéraire, et qu'on leur donne tous les secours de la religion, de l'humanité, et tous ceux qui sont dus à l'infortune, ils n'en éprouvent pas moins nécessairement une foule de maux qui sont inséparables de leur état, et auxquels se joint encore cette idée, qu'ils sont abandonnés dans des climats éloignés par ceux pour lesquels ils ont combattu, qu'ils ne reverront plus leurs familles, qu'on les punit pour les malheurs et les hasards des combats, et que la qualité de prisonniers, regardée jusqu'ici comme un titre de plus pour réclamer l'intérêt de ceux à qui l'on s'est sacrifié, semble n'être à leur égard qu'un motif d'ingratitude.

» Je ne veux pas qu'on puisse m'imputer cet oubli du droit des gens, qui perpétue la détention de tant de malheureuses victimes de la guerre, et, à plus forte raison dois-je rechercher tous les moyens de rendre à la liberté mes fidèles soldats, prisonniers dans un pays où chacun sent qu'ils doivent forcément partager tous les fléaux dont ses propres habitans n'ont pu se garantir.

» Vous me rendrez compte sans délai de la réponse qui vous parviendra à ce sujet, pour régler ensuite plus particulièrement les détails d'exécution relatifs à la proposition transmise par le général Pichegru, et qui, je pense, ne pourront donner lieu à aucune difficulté. »

LE DÉPART

DE MARIE-THÉRÈSE-CHARLOTTE.

Dernier Bulletin du Temple, du dix-neuf Décembre.

MARIE-THÉRÈSE-CHARLOTTE n'est plus au Temple, cette enceinte a repris son aspect lugubre ; tous les échos répètent tristement : *elle est partie!* et l'on ne voit plus çà et là que quelques personnes qui se parlent les larmes aux yeux. Depuis hier matin, on savoit que Marie-Thérèse devoit sortir de sa prison et de la France. Tous ceux qui étoient auprès d'elle en ont été profondément affligés ; la jeune princesse cherchoit à les consoler, en leur disant qu'un jour peut-être elle reviendroit à Paris, et qu'elle pourroit alors reconnoître toutes les marques d'intérêt qu'on lui avoit données. Dès le matin, elle a fait les préparatifs de son voyage ;

elle a paru dans le jardin avec les vêtemens dont elle se pare dans les jours de solemnité ; elle a salué toutes les personnes qui, des fenêtres voisines, ont tant de fois laissé tomber des larmes dans sa prison. Tout le monde pleuroit : elle étoit si douce, si bonne, si belle, si sensible ! Sa présence prêtoit un charme à cette tour, qui n'est plus habitée que par les tristes souvenirs. O vertu ! voilà ta puissance, tu inspires l'allégresse par-tout où tu te montres, et lorsque tu viens à disparoître, tout n'est plus que désert et affreuse solitude. Ames tendres et généreuses, ne craignez pas le cruel persiflage des hommes du jour, qui ne savent pas comment on peut pleurer. Pour moi, qui écris ces lignes loin du Temple, et trois jours après le départ de Marie - Thérèse, je ne puis m'empêcher de pleurer avec vous. Que vos pleurs touchent le ciel, comme ils ont touché cette infortunée princesse ! que le génie de la France qui l'a conservée au milieu de tant de ruines, la dépose au sein de sa famille, qui peut seule essuyer les larmes que les tyrans de notre patrie lui ont fait verser !

Elle est partie hier au soir à onze heures : elle a choisi pour l'accompagner M. Gaumain, chargé comme commissaire de veiller auprès d'elle dans le Temple ; par ses soins et par ses procédés remplis de délicatesse, il a mérité la reconnoissance de Marie-Thérèse ; il a mérité celle de toutes les ames sensibles et honnêtes. *Madame* a emmené aussi la femme-de-chambre qui la servoit dans la prison, avec le cuisinier et le sous-cuisinier qui étoient employés au Temple : sa suite étoit dans trois voitures.

Demain le soleil se levera encore sur le Temple ; mais il n'éclairera plus la demeure d'une princesse chérie. Le jour paroît plus sombre ; un

nuage couvre de deuil les murs de la tour : la chèvre, qui est restée seule, fait retentir les cours de
ses cris plaintifs : les fenêtres voisines s'ouvrent
encore ; mais ce n'est plus que pour laisser voir
le spectacle le plus triste et le plus douloureux...
On suit des yeux les dernières traces de Marie-
Thérese... ; on écoute encore ses dernières paroles... ; on reçoit ses derniers adieux.... Oui,
cet asyle est à jamais consacré par les vertus qui
l'ont habité, et par tous les regrets qu'il fait
naître. O vous, qui fûtes malheureux ! venez
tous au Temple, et voyez ce que la fortune
réservoit à la famille des rois..... Vous, qui
chérissez la vertu, venez lui élever un autel au
Temple, dans cet asyle où la vertu se montra
si belle au milieu de ses revers !

P. S. Marie-Thérèse-Charlotte est partie
accompagnée de madame de Soucy, fille de
madame de Makaù, de M. Huë, valet-de-

chambre de Louis XVI: les préparatifs du départ ont été faits dans le secret qu'exigeoit la prudence, par M. Cadet-Devaux. Le ministre de l'intérieur Benezech alla prendre Marie-Thérèse au Temple, et la conduisit à son hôtel. On porte à plusieurs millions en assignats la valeur des effets qu'elle a emportés avec elle.

TABLE DES MATIÈRES.

pages.

(151)

FIN.